완벽한
프로젝트는
어떻게 만들어지는가

완벽한
프로젝트는
어떻게 만들어지는가

이성대 · 박창우 지음

이콘

목차

P　　E　　R　　F　　E　　C　　T

3장 준비

4장 착수

P R O J E C T

추천사

프로젝트 관리자 혹은 구성원으로서 프로젝트를 성공적으로 마치는 것은 매우 보람되고 중요한 일이다. 하지만, 실제로 프로젝트를 수행하다보면 별 성과 없이 끝나게 되거나 실패로 끝나는 일이 허다하다. 그럴 때마다 프로젝트에 임했던 모든 구성원들이 실패의 원인을 분석하고 규명하려 노력하지만 실패의 원인이 복합적으로 발생하여 쉽게 찾을 수 없는 경우가 대부분이다. 한국의 경제 활동 규모가 세계적으로 커진 것에 비해, 한국 기업이 수행하는 거대하고 복잡한 프로젝트들이 초기 의도대로 성공을 거두지 못하는 경우가 최근 자주 발생하는 것을 보면 마음이 안타깝다.

프로젝트를 성공적으로 수행하려면 프로젝트 초기부터 체계적이고 과학적인 접근방법을 사용함은 물론 각 당사자들의 복잡한 이해관계를 총괄적으로 분석하고 소통하면서 끊임없는 의사결정을 해야 한다. 이 책은 프로젝트 관리 방법론을 찾는 사람들이 쉽게 구하거나 접해 볼 수 없는 분야를 집중적으로 다루고 있기 때문에 다른 책들과는 차별화를 두고 있다. 프로젝트에 관련된 프로젝트 구성원, 직간접적인 참여 당사자, 프로젝트 이해관계자, 프로젝트 관리자 모두는 성공적인 프로젝트의 수행을 원한다. 그런 면에서, 이 책의 제목처럼 프로젝트의 완전한 성공을 위해서라면 누구나가 한 번씩은 꼭 읽어야 할 필독서이다.

2013년 한국을 방문했을 때 두 교수님을 만나 프로젝트 관리에 대한 새 책을 쓰고 있다는 이야기를 듣고, 이 책이 나오기를 손꼽아 기다렸다. 책을 읽어보니 역시 기대에 저버리지 않고 내용이 매우 신선하다. 프로젝트관리 발전을 위해 늘 사색하고, 연구하고, 강의하고, 활동하시는 전문가이자 동반자로서 이 책이 프로젝트관리론을 한 단계 발전시킨 것 같아 뿌듯하다. 다시 한 번 이 책을 출간하는 두 교수님께 진심으로 축하드린다.

2014년 2월, 미국
George Washington University School of Business
곽영훈 교수

들어가며

1972년 뙤약볕이 내리쬐는 이란 테헤란의 한 건설 현장. 당시 한국 근로자들은 무더위와 모래 바람에 맞서, 외국인 감독관의 작업 지시에 따라 성실하게 일했다. 근로자들은 감독관의 지시에 따라 서둘러 작업을 진행하기도 했고, 작업 계획을 늦추기도 했다. 오직 감독관의 말에 따라 움직이는 생활을 반복했다. 하루 일과가 끝나면 좁은 숙소에서 쉬며 내일을 준비했다. 반면 외국인 감독관들은 쾌적한 저택에서 하루 일과를 편안하게 마무리했다. 잘 꾸며진 정원에서 여유롭게 와인을 마시며, 내일 할 일을 비롯해 현재 업무 상황과 앞으로 진행할 일들을 확인했다. 한국 근로자들에게 이들은 친절하고 도움이 되는 사람이자, 조금은 어렵고, 뛰어난 기술과 역량을 가진 부러운 존재였다. 이들은 어떻게 근로자들과 현장 전체를 관리했을까?

약 40년의 시간이 흐른 2013년 현재. 우리나라 근로자들은 중동의 건설현장에서 예전처럼 힘들게 일하지 않는다. 대신 근면하고 노동력이 싼 해외 인력들을 써서 건설 현장 전체를 감독하는 역할을 맡고 있다. 훨씬 좋은 여건에서 작업을 지시하며 사업 전반을 관리하고, 뛰어난 역량으로 중동, 아시아, 남미 등에서 건설뿐 아니라, 플랜트, ICT 등 다양한 분야에서 중요한 역할을 담당하는 위치에 오르게 되었다.

하지만 한국 근로자들에겐 과거 외국인 감독관들이 가졌던 여유와 현장 전체를 아우르는 힘이 조금은 약한 듯하다.

주사업자로 모든 책임과 권한을 갖고 사업에 뛰어 들었지만 세상은 호락호락하지 않았다. 마치 정글에 뛰어든 어린 아이에게 온갖 위험이 닥친 것처럼 큰 시련에 빠지기도 했고, 정글이 무서워 정글 안으로 뛰어 들지 못하는 것처럼, 도전을 하지 않고 국내에서 안주하기도 했다.

40년 전 접했던 외국 감독관들의 현장 관리 성공 비법은 무엇일까? 이 비법은 아직 공개되지도, 전수되지도 않고 있다. 예전처럼 근면, 성실함만으로는 살아갈 수 없게 된 것이다.

어떤 사업을 맡게 된다면 사업 내용을 파악하고 필요에 따라 상대방과 협상해야 한다. 또한 모든 계약 내용을 꼼꼼히 파악하고 발생 가능한 리스크들을 통제해 사업의 성과를 내는 관리자로 성공해야 한다.

지금도 많은 실패를 거듭하고 있는 가운데, 최근 국내 건설엔지니어링 회사들의 대규모 적자 소식이 자주 들린다. 정보 통신 분야에서도 겨우 몇 개 지역 정도에 진출해 프로젝트를 진행하지만 글로벌 대형 IT회사들처럼 규모는 그리 크지 않다. 이제는 프로젝트 성공 비법을 찾아야 할 때라고 생각한다.

이를 위해서는 실제 프로젝트를 경험해 보거나 성공과 실패를 관찰하고 분석한 기록들이 필요하다. 하지만 프로젝트 생애주기(프로젝트 라이프 사이클) 단위로 중요한 핵심 내용을 정리한 책을 찾아보기는 어렵다. 그래서 프로젝트 관리자들에게 도움이 되고자 프로젝트 관리의 이론과 실무적인 내용을 담은 책을 쓰게 됐다.

프로젝트 관리와 관련된 도서는 미국 PMI라는 민간기관에서 체계화한 프로젝트 관리 지식 체계인 PMBOK 지침서가 가장 널리 알려져 있다. 이 책은 프로젝트 관리의 가장 기본적인 정의와 개념을 체계화했다. 하지만 개념과 내용만으로는 복잡한 프로젝트를 준비하고 관리하기가 매우 어렵다. 또한 PMBOK에서는 계약 체결 이전과 이후 단계(프로젝트 실행 이전과 실행 단계)의 트러블을 최소화하기 위한 예방과 문제 해결에 대한 구체적인 방안이 제대로 나와 있지 않다. 실제 프로젝트에 투입된 사람들에게는 현장에서 활용 가능한 구체적인 방법들이 더 필요하리라고 생각한다.

프로젝트 관리자들을 주독자로 상정했고 특히 프로젝트에 문제가 생겼을 때 해결 방안이 필요한 사람들에게 도움이 될 것이다. 프로젝트 관리의 기본과 개념에 약한 독자들을 위해 서두에 이에 대한 간략한 설명과 내용을 담았다. 만일 기본적인 개념에 익숙한 독자들이라면 그 부분은 빠른 속도로 읽어도 좋다. 그냥 건너뛰는 것보다 기본적인 사항들을 다시 읽어 보면 새롭게 느낄 것이다.

이 책을 조직 내에서 보다 폭넓게 사용하고자 한다면, 프로젝트를 같이 하는 사람들끼리 워크숍을 진행해 책의 주요 내용을 협의하고 아이디어를 함께 내면서 문제해결 방법들을 찾아보는 것도 좋을 것이다.

이 책은 프로젝트 관리에 대한 정의를 제시하는 것에서 한 걸음 나아가 프로젝트를 진행하면서 발생할 수 있는 문제들을 조금 더 생각해보고 실마리를 찾는 것에 중점을 두었으며, 크게 두 부분으로 구성된다. 1, 2장에서는 프로젝트와 프로젝트 관리에 대한 전반적인 지식을, 3장부터는 프로젝트 단계별로 실행할 수 있는 전략들을 각종 사례와 함께 설명했다. 책을 처음부터 끝까지 페이지 순서에 따라 읽어야 할 필요는 없다. 관심 가는 부분부터 읽어도 좋고 아니면 마지막 부분의 케이스를 먼저 읽어 본 후, 케이스에 따른 답을 찾는 것도 추천한다. 또는 실제 프로젝트를 진행하면서 필요하거나 관련된 부분을 찾아 읽어보는 것도 좋다. 다양한 방법으로 자신만의 프로젝트 지침서로 활용하기를 바란다.

제1장

살아있는 생명체, 프로젝트

| 핵심요약 |

＊프로젝트란 사업을 시작, 기획, 확장하거나 계약을 준비하는 모든 행위를 말한다.

＊프로젝트가 '성공'하려면 반드시 눈에 보이는 성과를 내야 한다.

＊프로젝트 관리에서 가장 중요한 것은 '트러블' 예방이다.

프로젝트?
프로젝트!

프로젝트라고 하면 딱 떠오르는 이미지나 단어가 있는가?

과연 프로젝트란 무엇일까?

프로젝트는 결국 일을 말한다. 다만 그 일 중에 약간의 특징이 있는 일이라 하겠다.

결론 먼저 말하자면, 일은 보통 지속적이고 반복적인 특성을 갖는 일상적 업무인 운영operation과 한시적이고 유일한 특성을 가진 특별한 업무인 프로젝트project로 구분된다.

일work: 무엇을 이루거나 적절한 대가를 받기 위하여 어떤 장소에서 일정한 시간 동안 몸을 움직이거나 머리를 쓰는 활동. 또는 그 활동의 대상.

운영(Operations)	프로젝트(Project)
지속성	유일성
반복성	한시성

[그림 1] 일의 두 가지 형태

우리가 소속된 조직에서 목표나 목적을 달성하기 위해 전문적인 지식이나 기술을 지속적이고 반복적으로 구현하면서 그 보상으로 급여를 받아가는 일은 '운영'이라고 할 수 있다.

이에 반해 '프로젝트'는 시장의 환경에 대응해 조직 내부나 외부 고객의 요구를 만족시키기 위한 일, 즉 주어진 시간과 예산을 가지고 목표를 달성해야 하는 특별한 일을 뜻한다. 프로젝트 성격의 일은 우리가 경험을 가지고 있더라도 환경 변화 등에 따라 새로운 일이 되기 때문에, 기존의 방식을 따라 해서는 성과를 얻기 힘든 경우가 많다. 다시 말해 프로젝트는 운영과는 다르게 성과를 창출하는 방법이 달라 질 수 있다는 것이다.

참고로 미국의 PMBOK^{Project Management Body of Knowledge}에서는 프로젝트를 다음과 같이 정의하고 있다.

프로젝트: 유일한 제품, 서비스 또는 결과를 창출하기 위해 수행하는 한시적인 노력

여기서는 더 쉽고 폭넓게 적용하기 위해 새로 사업을 시작, 기획, 확장하거나 혹은 계약을 준비하는 모든 행위를 포괄하는 의미로 이해하는 것이 좋겠다.

프로젝트라고 해서 하나의 단위single 프로젝트로만 한정 짓는 것은 아니다. 복합multi 프로젝트를 관리하는 프로그램program이나 포트폴리오portfolio를 통해 조직의 이익을 달성하도록 하는 광의의 개념도 포함하고 있다. 이 개념들에 대해서는 다시 설명하도록 하겠다.

이 프로젝트라는 단어가 최근 들어 정말 많이 사용되고 있다. 그만큼 우리가 하는 일이 '프로젝트화' 되고 있는 것이다. 지속적이고 반복적인 일이 줄고 환경 변화에 맞춰 달라져야 하는 일이 늘었다는 말이다. 이에 따라 조직구조도 달라져 팀제(팀장)가 늘고 있고, 임시조직인 태스크포스팀TFT, Task Force Team도 등장했다. 그만큼 조직 내부의 일이 복잡하고, 다변화되는 변화무쌍한 환경에 노출되어 있다는 것을 보여준다.

관리의 필요성 또한 달라졌다. 운영 업무는 실수나 실패가 있어도 지속적인 개선 활동을 통해 바로잡을 수 있다. 하지만 프로젝트 업무는 한시적인 일이라 차별화된 관리 방법이 필요하다. "이 프로젝트는 실패했다 치고 다음부터 잘하자"라고 할 수 는 없는 노릇 아닌가.

프로젝트를 수행하는 조직의 한계, 프로젝트에 참여하는 인적자원의 비효율적인 관리, 프로젝트 이해관계자의 기대 사항 증가 등 프로젝트를 망치는 요소는 널려있다. 결국 프로젝트는 관리 없이 가만히 방치하면 백전백패 할 수밖에 없다. 프로젝트라는 일의 진행을 위해서는 관리자의 지시이건, 회사의 방침이건, 선배의 결과물이건 관리라는 절차가 반드시 필요하다. PMBOK에서는 프로젝트 관리를 다음과 같이 정의하고 있다.

프로젝트 관리: 프로젝트의 요구사항requirements을 충족시키기 위하여 프로젝트 활동에 지식, 기술, 도구, 기법을 적용하는 것.

여기서 중요한 것은 프로젝트 요구사항이다. 요구사항이란 고객이 필요로 하는 것을 상호 동의하에 약속하는 것이다. 그런데 이런 요구사항은 다음과 같이 변화를 겪는다.

그림에서 알 수 있듯이 프로젝트 초기에는 고객의 기대가 상당히 높다. 하지만 시간이 흐름에 따라 기대사항은 줄어들고 불만만 늘어난다. 프로젝트 초기 협상을 통해 상호 합의된 요구사항(계약 내용)이 달라지기 때문이다. 추가 요구사항도 생기고, 기존 요구사항을 바꾸거나 지우는

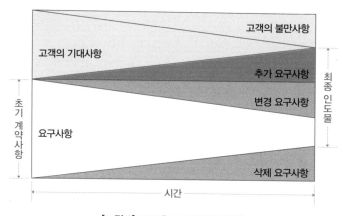

[그림 2] 프로젝트 요구사항의 변화

경우도 있다.

모든 프로젝트가 이러하다. 그 차이가 서로 다를 뿐이다. 시키는 것만 잘 하면 되는 줄 알고 시작했는데, 시킨 내용에 대해 서로 오해가 있는 경우도 있고, 막무가내로 바꿔달라는 경우도 생긴다. 일을 하던 중에 없어지거나 달라지는 요구사항도 깔끔하게 진행되는 경우도 있고, 서로에게 불만만 쌓이는 경우도 분명 있다.

그런데 주어진 시간과 예산은 변함이 없다.

그렇다면 고객이 만족하는 품질을 확보하기 위해서 우리는 어떻게 해야 할까? 생각만 해도 머리 아플 일이다.

프로젝트 관리자에게는 이러한 프로젝트의 특성을 정확히 이해하고, 꺼져가는 프로젝트에 새로운 생명력을 불어넣는 문제 해결 역량이 필요하다. 그 역량에 대해서 하나씩 풀어보도록 하자.

퍼펙트 프로젝트,
성과가 우선이다

A: 당신이 과거 수행한 프로젝트의 평균 성공 확률은 어느 정도 되나요?

B: 아 글쎄요. 대략 70% 정도요.

C: 저는 90% 될 것 같네요.

프로젝트 성공 확률을 물어보면 각각 다른 답변이 나온다. 비교적 높은 성공률을 자랑하는 사람들도 있는가 하면 입사 3년차 이내의 사람들 중에는 30%라고 답하는 경우도 많다. 제각각의 대답을 통해 알 수 있는 프로젝트 성공과 실패 확률의 기준은 무엇일까?

100kg급의 소형 위성을 우주 저궤도에 쏘아 올리는 나로호 프로젝트는 2013년 1월 30일 제3차 발사를 성공시키며 우주시대 개막을 알렸다. 2002년 8월 나로호 개발에 착수해 두 번의 발사 실패와 10여 차례 연기

끝에 마침내 우주 진입에 성공, 햇수로 11년 만에 첫 결실을 봤다. 이게 우리가 알고 있는 사실이다. 하지만 정부에 보고된 성과보고서에는 나로호 1차와 2차 발사는 모두 '성공'으로 언급되어 있다. '발사' 그 자체가 성공의 기준이었기 때문이다.

얼마 전 모경제지 1면에 실린 '국가 R&D 바로 세우자'란 특집 중에도 '미래도 창조도 없는 R&D 결론 뻔한 안전빵 연구만…'이란 기사가 있었다. 국가 예산으로 연구를 진행하는데 실패하면 안 되는 무조건 성공할 수 있도록 기준을 세우고, 그 기준만 넘기는 선에서 연구를 진행한다는 것이다. 정부도 '성공률은 높지만 성과는 없는' R&D 사업의 고질적인 문제를 개선하기 위해 지난 2011년 R&D 혁신안을 내놓았다. 그 중 하나는 국가 R&D 실패율을 높인다는 목표로 2015년까지 성공률을 60%로 낮추는 미션을 수행 중이다. 그 결과 2009년 평균 98.5%을 기록했던 성공률은 2010년과 2011년 97%, 2012년 88%까지 낮춰졌다. 여기서 말하는 성공률의 기준은 무엇일까?

국가 R&D 프로젝트나 우주 과학 프로젝트 그리고 우리가 수행하는 프로젝트의 성공과 실패의 기준은 나름대로 있을 것이다. 하지만 그 기준은 성공률을 높이기 위한 잣대가 아니라 '프로젝트의 성과'를 얻는 것에 중점을 두어야 한다.

그렇다면 프로젝트 성과란 무엇인가?

첫째, 프로젝트의 착수 시 타당성feasibility을 가져야 한다. 필요 없는 프로젝트의 성과는 조직에 새로운 리스크를 안겨다 줄 수 있다. 따라서

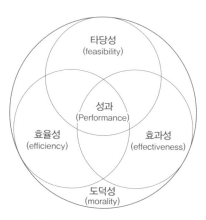

[그림 3] 프로젝트 성과의 4요소

타당성이 있는 성과를 만들 프로젝트를 해야 한다. 이 결과물이 조직에 어떤 도움이 되는지도 모르고 만들라고 해서 만들었는데, 만들었더니 애물단지로 전락한다면 만든 사람이나 만들라고 시킨 사람이나 기운 빠지기는 매한가지일 것이다.

둘째, 프로젝트에 착수했다면 고객이 요구한 결과물을 얻기 위해 효율성efficiency을 확보해야 한다. 주어진 시간과 예산 범위 내에서 프로젝트를 완료하기 위해 노력해야 하며, 가능하다면 더 작은 비용과 시간을 투입해 효율적으로 일을 할 수 있도록 해야 한다.

셋째, 효과성effectiveness을 지녀야 한다. 프로젝트의 결과물이 고객의 요구에 맞게 활용되어야 한다.

마지막으로 이 모든 것의 기반엔 도덕성morality이 중요한 요소로 작용한다. 도덕성이 결여된 성과는 조직의 리스크로 다가올 것이다.

프로젝트 관리자는 프로젝트 성공률을 높이기 위해 존재하는 것이 아니라 프로젝트 성과를 창출하기 위해 존재한다. 4요소에 맞추어 목표로 하는 성과를 분명히 하고 그 성과를 얻어야 한다. 관리를 하는 이유 또한 성과를 만들기 위해서이다. 결국 관리의 첫 번째는 성과를 명확히 하는 것이다.

그런데 이 성과라는 것이 프로젝트가 끝나야만 알 수 있는 것은 아니다. 시작하자마자 어떤 결과물이 보일 수도 있고, 이를 검증하면서 더 나은 성과가 나타날 수도 있고, 다 끝난 줄 알았는데 미흡한 경우도 있다. 이런 문제를 만났을 때 당황하지 않기 위해서 알아야 할 것이 생애주기이다. 성과는 하나의 단계에서만이 아니라 생애주기를 통해서 창출되기 때문이다. 지금부터 생애주기에 대해 살펴보도록 하자.

프로젝트 요람에서 무덤까지, 프로젝트 생애주기

프로젝트의 생애주기는 시간 흐름에 따른 구분을 말한다. 일반적으로는 그림1-4와 같이 프로젝트 초기, 중기, 말기로 구분 한다. 프로젝트 성격에 따라 '개념-개발-실행-종료' 등 그 단계를 다르게 가져갈 수도 있다. 다만 단계를 어떻게 표현하든 시간의 흐름에 따라 나타내야 한다. 프로젝트 이해관계자 모두가 쉽게 알아볼 수 있어야 하기 때문이다.

프로젝트가 하나로 끝나지 않는 경우를 가정할 필요도 있다. 여러 프

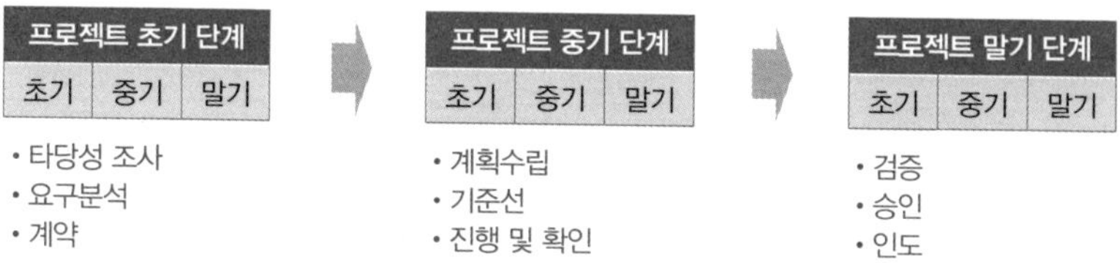

프로젝트 초기 단계		
초기	중기	말기

• 타당성 조사
• 요구분석
• 계약

프로젝트 중기 단계		
초기	중기	말기

• 계획수립
• 기준선
• 진행 및 확인

프로젝트 말기 단계		
초기	중기	말기

• 검증
• 승인
• 인도

[그림 4] 프로젝트 생애주기

프로덕트 획득 전				프로덕트 획득				프로덕트 획득 후		
프로 젝트	프로 젝트	프로 젝트		프로 젝트	프로 젝트	프로 젝트		프로 젝트	프로 젝트	프로 젝트
• 효율성 확보				• 최종 고객 요구 만족				• 효과성 확보		

[그림 5] 프로덕트의 생애주기

로젝트를 수행해야만 최종 결과물이 나오는 경우가 더 많기 때문이다. 이때에는 프로덕트product의 생애주기를 이해하고 진행해야 한다.

여기서 프로덕트는 생산품, 제조품만을 의미하는 것이 아닌 서비스, 일의 결과를 모두 포함한 최종 고객의 요구사항을 말한다. '프로덕트 획득'은 최종 고객의 요구사항에 만족하다는 뜻이다. 프로젝트의 범위와 프로덕트의 범위를 명확히 구분하고 이들의 생애주기를 통해 효율성과 효과성 등 프로젝트 성과의 4요소를 확보하면서 성과를 만들어 내야 한다. 프로덕트 생애주기는 프로덕트 획득을 기준으로 획득 전 단계와 획득 후 단계로 나뉜다. 이처럼 생애주기를 세분화하여 구분하는 이유는 각 단계에 필요한 요소를 최대한 미리 고려하여 문제가 생기지 않도록 하기 위해서이다.

예를 들어, 프로덕트를 획득하기 위한 연구개발단계에서 생애주기 예산의 10%가, 획득과정에 30%, 그리고 획득 이후에 60%의 예산이 필요한 경우가 있다고 치자. 정책 입안 단계에서 프로덕트 획득 후 비용을 고려하지 않았다면 성과 창출은 반쪽짜리에 그칠 것이다.

이런 문제를 피하기 위해서라도 사전에 생애주기를 세분화하여 정하고, 생애주기 비용Life Cycle Cost이나 생애주기 평가Life Cycle Assessment 등을 고민해야 한다.

[그림 6] 생애주기를 통한 기술과 경영의 트랜드 변화

최근에는 생애주기 모델이 보편화되면서 경영과 기술 트렌드에 변화가 생겼다. 아래 그림과 같이 생애주기를 하나의 파이프로 본다면 과거에는 파이프의 끝에서 트러블을 해결하려고 했지만 이제는 파이프의 앞, 즉 트러블을 미리 예방하려는 노력이 강조되고 있다.

프로젝트 관리자 입장에서도 트러블이 생기지 않도록 사전에 예방하는 것이 효율적이다. 몸도 아프고 나서 치료하는 것보다 건강을 위해 미리 관리하는 것이 더 중요한 것처럼 말이다.

프로젝트 성과를 얻기 위해서는 프로덕트의 단계를 감안해 생애주기를 잘 짜는 것이 중요하다.

프로젝트 생애주기와 마찬가지로 프로젝트의 관리에도 착수와 종료의 시간 흐름에 따른 단계를 구분해 볼 필요가 있다. 이를 프로젝트 관리 프로세스process라고 한다. 프로세스는 '어떠한 결과를 얻기 위한 일련의 행위'를 말하며 기본적으로 프로젝트 '착수–기획–실행–통제–종료'로 나뉜다.

[그림 7] 프로젝트 관리 프로세스

착수는 프로젝트를 시작할 것인가 말 것인가에 대한 답을 얻기 위해 존재하며, 기획은 프로젝트 관리 통합 계획을 얻기 위한 단계다. 실행은 일의 결과 즉, 고객이 요구하는 인도물이나 최종 산출물을 얻기 위한 단계이며 통제는 프로젝트가 계획대로 실행되지 않을 때, 즉 변경 요청 사항이 나올 때 이를 승인할 것인지 거부 할 것인지를 결정하기 위한 단계다. 만일 변경 요청을 승인할 시에는 재기획을 통해 계획을 갱신해 실행하고, 변경 요청을 거부할 때에는 시정조치나 예방조치 또는 결함수정을 통해 실행을 개선해 기존 계획을 맞춰가야 한다. 거부한 변경요청은 잠재적인 리스크를 안고 있으므로 이를 감시monitoring하게 된다. 종료는 고객이 요구한 최종 생산품이나 서비스 또는 일의 결과를 전달하기 위한 마무리 단계다.

과정이든 성과든 문제가 발생하는 프로젝트, 즉 트러블 프로젝트는 프로젝트의 생애주기나 프로젝트 관리 프로세스와의 상호관계에서 언제든지 발생할 수 있으며, 결국 복잡한 성과로 표출되게 된다.

이를 관리해야 하는 프로젝트 관리자는 성과에 대한 명확한 정의를 내리고 생애주기를 통해 세세히 관리해야 한다. 문제의 해결은 문제를 알아야만 가능하다. 관리자라면 나무를 보는 것이 아닌 숲을 보는 역량을 갖춰야 하고, 트러블 프로젝트를 치료하기 위한 맥을 찾을 줄 알아야 할 것이다.

어디까지 고민해 봤니, 프로젝트 관리 지식 영역

성과를 만들어 내고 트러블 프로젝트를 해결하기 위해서는 무엇이 필요할까? '어떤 대상을 배우거나 실천을 통해 알게 된 명확한 인식이나 이해'를 뜻하는 지식이 바로 그 해답이다. 물론 그 지식을 세분화하여 알아볼 필요는 있다.

그렇다면 프로젝트에서 다루는 지식에는 어떤 것들이 있을까?

우리가 일을 할 때 제일 먼저 고민해야 하는 것은 시간, 돈, 가치일 것이다. 일을 하는 데 얼마나 시간이 걸릴지, 들어가는 돈은 얼마일지, 내가 그 일을 왜 해야 하는지, 어떠한 가치를 얻을 것인지 고려해야 한다는 얘기다. 프로젝트에서는 이 세 가지를 시간, 원가, 품질이라고 한다. 이와 더불어 프로젝트는 한시성이라는 특성을 갖고 있으므로 일의 범위가 중요한 지식 영역이 된다.

시간, 원가, 품질, 범위는 프로젝트 관리의 4대 제약요소로 상충관계를 맺고 있다. 무한대의 시간과 무한대의 예산이라면 훌륭한 품질의 결과물을 낼 수 있다. 이것은 분명하다. 하지만 이런 일은 존재하지 않는다. 최적의 결과물을 위한 적당한 시간과 원가만이 있을 뿐이다. 주어진 시간과 원가를 관리하며 고객의 요구사항, 즉 범위를 만족하는 품질을 확보해야 하는 것이 프로젝트이다. 이들 제약요소 간의 절충과 균형이 프로젝트에서 가장 중요한 관리의 영역이다. 따라서 프로젝트 관리자는 이들을 균형 있게 관리하도록 노력해야 한다.

이 4대 제약요소 외에도 모든 일에서 중요한 의사소통과 인적자원, 조달, 리스크 관리가 필요하다. 이러한 지식들은 서로 상호관계를 가지고 있어 이들을 통합하여 관리하는 것이 프로젝트 관리의 중요한 지식 영역일 것이다.

오늘날의 프로젝트 관리 방법은 시장 환경에 맞춰 빠르게 변하고 있다.

다음 그림에서도 알 수 있듯이 과거에는 고객의 요구사항을 기준으로 시간과 원가를 통제하는 계획 중심으로 프로젝트를 관리했으나 오늘날에는 시간과 원가를 중심으로 고객의 요구사항을 조율(협상)해나가는 고객 만족에 중점을 두고 있다. 이런 변화는 '애자일agile 프로젝트 관리 방법론'으로 진화되어 왔다. 이 방법론은 프로젝트의 생애주기 동안 반복적인 개발을 촉진하는 방법론 전체를 말한다.

지난 2012년 9월 국제표준화기구ISO, International Organization for Standardization에서는 프로젝트 관리의 표준지침인 ISO 21500을 발행했다. 이 표준 지침에서도 지식 영역에 해당하는 주체 그룹을 제시하고 있

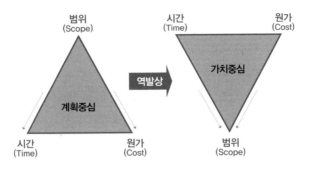

[그림 8] PM의 역발상

다. 여기에는 앞에 다룬 내용과 더불어 이해관계자[stakeholder] 관리를 중요한 지식 영역으로 인식하고 있다. 여기서 '이해관계자'란 프로젝트와 관련된 모든 개인이나 조직을 포함한다.

기업이 신규 사업 진출을 위한 프로젝트를 진행한다고 가정해보자. 들어가는 자원에 비해 수익이 적을 것을 걱정하는 부정적인 임원이 있을 수도 있고, 주가 문제로 어려움을 겪을 투자자도 있을 수 있다. 프로젝트는 신규 사업 진출만을 목적으로 할 것이 아니라 이 프로젝트에 반대하는 사람들까지도 아우르는 결과물을 만들어야 한다. 따라서 프로젝트에 부정적인 그룹과 긍정적인 그룹을 모두 아울러 그들의 기대사항을 관리하는 것이 중요한 이슈가 되고 있다.

지금까지 살펴본 프로젝트 관리 지식영역을 정리해 보면 다음과 같다.

- 통합[Integration] 관리
- 범위[Scope] 관리
- 시간[Time] 관리

- 원가Cost 관리

- 품질Quality 관리

- 인적자원Human Resource 관리

- 의사소통Communications 관리

- 리스크Risk 관리

- 조달Procurement 관리

- 이해관계자Stakeholder 관리

그렇다고 프로젝트 관리 지식 영역이 고정된 것은 아니다. 충분한 확장성을 가지고 있다. 만일 건설 산업에서의 프로젝트라면 위에 언급한 10가지 지식 영역은 당연한 핵심 영역이라 할 수 있으며, 다음과 같은 지식 영역이 추가될 수 있다.

- 안전Safety 관리
- 보건Health 관리
- 환경Environmental 관리
- 재무Financial 관리
- 클레임claim 관리

정보통신 산업이라면 보안 관리, 연구 개발 산업이라면 창의성 관리 등이 중요한 지식영역으로 자리 잡을 수 있다.

트러블 프로젝트들을 보면 이런 지식 영역에서 상호작용이 일어나 성과를 만들어내는 데 악영향을 미치는 경우가 많다. 프로젝트 관리자라면 지식 영역의 이해와 산업별 지식 영역의 확장을 통해 깊이 있는 통찰력을 기르고 문제해결 역량을 갖춰 나가야 할 것이다.

전투보다 전쟁에서 이겨야, 프로그램 관리

1941년 12월 6일 감행된 일본의 진주만 폭격은 성공인가 실패인가? 당시 미국은 엄청난 피해를 입었고, 이를 계기로 미국은 제2차 세계대전에 참전하게 되었다. 일본은 미국의 허를 찌르는 데 성공했지만 정작 제2차 세계대전에서는 패망국이 된다. 전투에서는 승리했지만 전쟁에서는 패한 것이다.

여기에서 진주만 공습은 프로젝트에, 전쟁은 프로그램에 비유할 수 있다. 방송 프로그램, 교육 프로그램, 컴퓨터 프로그램 등 우리에게는 친숙한 표현이지만, 여기서의 프로그램은 연계된 프로젝트의 합을 이야기한다. 연계된 프로젝트란 아래 그림과 같이 여러 개의 프로젝트가 모여 하나의 프로그램으로서 어떠한 이익을 달성하는 것을 의미한다. 프로그램은 프로젝트보다 상위 개념이다. 연계된 단위 프로젝트를 묶은 그룹을 관리해 이익을 달성하는 것을 프로그램 관리라 한다.

[그림 9] 프로그램의 이해

　예를 들어 인간을 달에 보내는 것은 한시성과 고유성을 가진 일, 즉 프로젝트다. 하지만 단위 프로젝트로 보기에는 거대하다. 인간을 달에 보내기 위해서는 먼저 달까지 갈 수 있는 교통수단인 발사체와 우주선을 개발하는 프로젝트, 우주인 양성 프로젝트, 달에서 다시 지구로 복귀 할 수 있는 시스템 개발 프로젝트가 모두 성공해야 한다. 이렇게 연계된 세 가지 프로젝트를 묶어 달탐사 프로그램이 되는 것이다. 프로젝트를 효과적으로 관리해 프로젝트의 성과를 창출하는 것과 같이 프로그램을 관리해 프로그램의 성과인 이익을 내는 것도 같은 맥락이다.

　프로그램을 관리하기 위해서도 프로그램 '착수−기획−실행−감시 및 통제−종료' 수순의 프로그램 관리 프로세스가 존재하고, 지식 영역을 나눠 프로그램 수준의 고민과 관리를 해야 한다.

- 프로그램 통합 관리
- 프로그램 범위 관리
- 프로그램 시간 관리
- 프로그램 원가 관리
- 프로그램 품질 관리
- 프로그램 인적자원 관리

- 프로그램 의사소통 관리

- 프로그램 리스크 관리

- 프로그램 조달 관리

- 프로그램 이해관계자 관리

- 프로그램 재무Financial 관리

- 프로그램 거버넌스Governance 관리

앞서 살펴본 프로젝트 10가지 지식 영역에 재무관리와 '경영방식이나 지배구조'를 뜻하는 거버넌스 관리가 추가된 것을 알 수 있다. 프로젝트와 프로그램의 가장 큰 차이는 방향성이다. 광고회사 하나가 여러 식품회사 광고를 대행할 수는 있다. 각각은 프로젝트로 구성될 것이다. 하지만 광고회사가 가지고 있는 조직의 목적에 '유해환경 식품은 대행하지 않기' 등이 있다면 어떤 광고는 대행하지 않으려고 할 것이다. 프로그램은 이 조직의 목적 영역에서 움직인다. 당연히 거버넌스에 따라 목적이

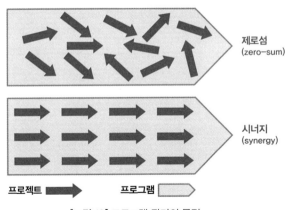

[그림 10] 프로그램 관리의 목적

[**그림 11**] 다섯 가지 프로그램 관리 성과 영역(출처: PMI)

달라질 수 있으므로 그 관리는 프로그램에 막대한 영향을 미친다.

프로그램 관리는 단위 프로젝트의 성과 창출보다 프로그램 자체의 성과 창출이 더 중요하다. 프로그램 또한 프로젝트처럼 계획을 수립하고 관리해야 한다. 그래야만 프로젝트와 프로그램이 잘 조화를 이뤄 시너지가 발생한다. 아니면 이익도 손해도 없는 '제로섬zero-sum' 상태에 머물게 된다.

조직은 단일 프로젝트, 멀티 프로젝트 수행 환경에 둘러싸여 있다. 프로젝트가 조직의 전략 방향과 일치하지 않는다면 결국 그 조직은 지속 가능성을 유지하기 어려울 것이다. 따라서 프로그램 관리자는 단일 프로젝트 성공에 집착해서는 안 된다. 전체 조직의 시너지 창출과 리스크 감소를 위해 과감하게 프로젝트를 중단하는 것도 고려해야 한다.

조직의 시너지 창출을 위한 프로그램 관리는 다음과 같이 다섯 가지 요소가 상호 유기적인 연관관계를 형성하고 있다. 이를 통해 프로그램 성과 창출과 조직의 이익을 극대화한다.

- **프로그램 거버넌스**Program Governance 프로그램의 존재의 이유인 조직의 거버넌스를 명확히 한다.
- **프로그램 전략 정렬**Program Strategy Alignment 프로그램 거버넌스를 통해 조직의 전략이 프로그램의 전략과 일치하도록 정렬한다.
- **프로그램 이익 관리**Program Benefits Management 프로그램의 시너지를 창출함으로써 조직의 이익을 극대화 한다.
- **프로그램 이해관계자 약속**Program Stakeholder Management 프로그램 이해관계자의 요구와 기대를 확인하여 이해관계자가 만족할 수 있도록 약속을 얻어낸다.
- **프로그램 생애주기 관리**Program Life Cycle Management 프로그램은 프로덕트와 프로젝트의 생애주기를 확인하고, 프로그램의 생애주기 관리를 통해 성과를 확보한다.

프로그램 관리에 대해 참고해서 볼 만한 외국 서적으로는 『Managing Successful Programmes MSP』이 있다. 1999년 영국의 재무부 산하 기관인 OGCThe Office of Government Commerce가 정부차원에서 여러 부처의 프로젝트 추진 과정에서 축적된 지식과 실무를 배경으로 낸 책이다. 초판

이 발행된 이후 4년마다 개정판이 나왔고, 2011년에 4판이 출간되었다. 프로젝트 관리자들에게 성공적인 프로그램 성과 창출을 위해 도움이 될 것이다.

선택과 집중,
포트폴리오 관리

프로젝트의 성과를 위해서는 프로젝트 생태계를 이해하는 것이 핵심이다. 프로젝트 생태계란 조직이나 산업과 같이 특정한 공간 내에서 생애주기를 갖는 프로젝트의 집합으로, 프로젝트간의 유기적인 상호작용을 통해 지속가능성에 영향을 주는 총체적인 개념을 말한다.

지구에서 공룡이 사라진 것처럼 인류의 달착륙 프로젝트가 사라진 것은 자연 생태계나 산업 생태계 속에서의 멸종을 의미한다. 기술적인 문제가 있지만 다시 생태계를 복원할 수도 있다. 하지만 이를 위해서는 복원에 필요한 엄청난 자원, 즉 투자가 필요하다. 이처럼 한번 사라진 생태계의 복원은 쉽지 않다.

조직에서 수행하는 프로젝트도 마찬가지이다. 몇 년 전에 했던 프로젝트라 하더라도 다시 하려고 하면 쉽지 않은 경우가 많다. 프로젝트의 지속가능성을 잃는다면 조직의 지속가능한 성장 또한 불가능해진다. 조

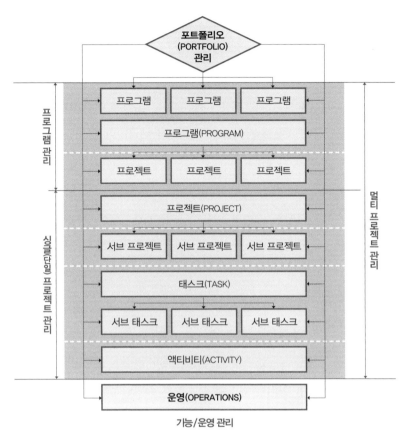

[그림 12] 프로젝트 생태계

직의 한정된 자원을 가지고 프로젝트를 지속적으로 수행하며, 성과창출을 가능하게 하는 것은 멀티(다중) 프로젝트 관리를 통해 가능하다.

일반적으로 조직이 수행하는 프로젝트 성격의 일들은 멀티 프로젝트로 구성되며 다음과 같은 관리가 필요하다.

- **포트폴리오관리** 조직의 자원과 역량에 따른 선택과 집중의 의사결정

을 수행한다.

- **프로그램관리** 여러 방향성을 가지고 있으므로 같은 방향성 끼리 묶어 조직의 이익을 얻을 수 있도록 한다.
- **단일 프로젝트관리** 프로그램을 이루고 있는 프로젝트 그리고 서브 프로젝트, 서브 프로젝트 아래의 태스크나 엑티비티 등 프로젝트성의 일에 성과 창출을 한다.
- **기능/운영관리** 프로젝트성의 일이 아닌 지속적이고 반복적인 운영은 조직의 지속가능한 성장을 위해 기본적인 요건이다. 이를 기반으로 프로젝트 성의 일들의 성과를 창출할 수 있기 때문이다.

조직이 수행하는 일은 그림 1–12와 같이 프로젝트 생태계를 형성한다. 다시 정리하면 조직은 한정된 자원을 가지고 조직 존재의 이유인 이상Ideation을 달성할 수 있도록 조직의 환경과 비전을 구축하고자 전략Strategy을 생성한다. 이러한 전략을 프로젝트 거버넌스를 통해 조직이 수행하는 일work에 구현시키는 것이 포트폴리오 관리다.

결국 '포트폴리오'란 전략 목표 달성을 위하여 수행하는 조직 전체의 프로젝트 및 프로그램을 의미하며, '포트폴리오 관리'란 조직의 변화(프로젝트 및 프로그램을 의미)와 일상 업무의 가장 효과적인 균형을 가능하게 하는 전략적 프로세스와 의사결정의 조정된 통합을 말한다.

다음의 질문을 스스로에게 해보자.

1. 우리 조직의 모든 프로젝트나 프로그램이 조직전략목표 달성에 기여하는가?

2. 우리 조직이 수행하는 현재의 프로젝트 또는 프로그램이 전략 목표 달성에 필요한 최선의 프로젝트 또는 프로그램인가?
3. 우리 조직의 귀중한 자원을 올바른 분야에 할당하고 있는가?

이 세 가지 질문의 핵심은 조직의 발전을 위해서 반드시 해야 할 프로젝트를 하고 있는가? 선택한 프로젝트에 자원은 적정하게 투입하고 있는가? 등의 원천적인 물음을 의미한다고 볼 수 있다.

우리 조직은 한정된 자원을 가지고 있기 때문에 하고 싶은 모든 프로젝트와 프로그램을 수행할 수는 없다. 우리 조직의 전략목표 달성을 위한 선택과 집중이 필요한 것이다. 이 선택과 집중이 바로 포트폴리오 관리다.

이를 위해서는 많은 정보를 기반으로 조직의 의사결정권자가 올바른 선택을 할 수 있도록 하는 것이 가장 중요하다. 모아진 정보를 한눈에 보고 의사결정 할 수 있도록 시각화하여 보고하는 체계(포트폴리오 대시보드)를 수립하고, 리스크를 모니터링하며, 프로젝트나 프로그램의 성과를 창출할 수 있도록 하는 것이다.

앞의 세 가지 질문에 답하기 위하여 포트폴리오 관리에서는 다음 사항이 제대로 이루어져야 한다.

1. 프로젝트와 프로그램은 최고의사결정기구나 경영진에서 합의가 이루어지고, 적어도 한 가지 전략 목표 달성에 공헌하여야 한다.
2. 우리 조직의 전략적 의사결정은 원가, 리스크, 일상 업무에 대한 영향 그리고 실현될 전략적 편익에 관한 분명한 이해를 바탕으로 이

루어져야 한다.

3. 우리 조직의 자원과 변화는 현재의 환경, 진행 중인 프로젝트 및 프로그램, 자원의 수용한계 및 능력을 고려하여 우선순위가 부여되어야 한다.

4. 우리 조직에서 수행되는 모든 프로젝트와 프로그램을 대상으로 일정진도, 원가, 리스크, 우선순위, 편익 및 전략적 연계에 관하여 모니터링을 실시하여야 한다.

조직의 환경이 과거에 비해 빠르게 달라지고, 이에 따라 이해관계자들의 요구 또한 급변하고 있는 것은 전 세계적으로 인지되는 현실이다. 이러한 환경변화는 정부나 기업을 막론하고 기존의 일상 업무에 변화를 가져오는 프로젝트와 프로그램의 숫자를 증가시켰다. 이제는 여러 후보들 중에서 어느 프로젝트 또는 프로그램을 선택할 것인가 하는 문제가 아주 중요해졌다.

이 문제를 해결하고자 하는 포트폴리오 관리는 최근에서야 프로젝트 관리 분야 지식으로 정립되고 있어서 모든 이론체계가 완비된 것으로 보기는 어렵다.

다만 프로젝트 및 프로그램을 선택하는 기준과 절차, 담당하는 조직, 책임과 권한, 보고 체계 등을 전반적으로 새롭게 정비해야 하고, 새로운 변화를 결정할 때는 기존의 변화도 반드시 고려하여야 한다는 것은 분명하다.

프로젝트 관리와 프로그램 관리가 조직의 발전에 기여하는 정도가 가속화될수록 이 두 가지 지식을 효과적으로 활용하기 위한 포트폴리오 관리도 필수적이다. 각 조직에 맞는 포트폴리오 관리의 개념이 먼저 잡혀야 한다. 여기에는 투자와 효과의 개념도 적용된다고 할 수 있다. 또한 소요 능력과 자원, 조직 구조, 거버넌스와의 관계 정립 등 경영에 관한 기본적인 인프라의 재검토도 고려되어야 한다.

명확한 개념의 정의에 이어, 포트폴리오 관리가 적용되기 위해서는 환경요인 확인이 반드시 따라야 할 것이다. 프로젝트 매니저로서 포트폴리오 관리의 도입과 실행이 이루어지는 환경을 분명하게 이해하는 것은 매우 중요하며, 이는 포트폴리오 관리를 통하여 조직이 경쟁우위를 달성하기 위하여 반드시 필요한 절차라고 할 수 있다.

포트폴리오 관리의 원칙으로는 다음의 다섯 가지가 많이 거론되고 있다.

- 최고경영진의 결단Senior Management commitment
- 거버넌스와의 연계Organizational Governance Alignment
- 조직 전략과의 연계Organizational Strategy Alignment
- PMO와 포트폴리오 사무국PMO and Portfolio Office
- 조직문화Energized Change Culture

PMO란 프로젝트 관리 오피스 또는 프로그램 관리 오피스 등 다양하게 표현하나, 그 역할이 중요하다. PMO는 조직에서 수행되는 프로젝트나 프로그램을 모니터링하여 책임과 권한을 가진 조직의 의사결정권자에게 보고하고, 프로젝트 관리자나 프로그램 관리자들에게 경영지원을 하며, 최종적으로 우리조직에 맞는 프로젝트 관리시스템을 구축하여, 프로젝트나 프로그램의 성과 창출에 기여해야 한다. 물론 관리의 수준이 프로젝트 단위인지, 프로그램 단위인지, 전사적인 관리인지를 사전에 결정하고 진행해야 한다.

조직의 성숙도를 높여라,
전사적 프로젝트 경영

어느 한 사람의 역량만으로 프로젝트나 프로그램에서 성과 창출을 하는 것에는 한계가 따른다. 그만큼 프로젝트나 프로그램이 복잡해졌다는 얘기다. 이제는 조직의 프로젝트 관리 성숙도가 어느 정도인가에 따라 성과 창출 수준에 차이가 난다.

조직의 성숙도를 높이는 전사적 프로젝트경영 방법으로는 다음과 같은 모델들이 있다.

1. CMMI Capability Maturity Model Integration

미국 케네기멜론대학에서 개발한 CMMI는 조직의 프로세스 개선을 통해 소프트웨어 개발 과정에서 비용, 품질, 일정 등 모든 것을 충족시키며 특정 성숙도 레벨로 진입하기 위한 최소한의 기준을 제시한다. 또한 이 과정에서 반드시 수행해야할 활동들의 집합으로, 프로세스 프레

임워크의 성숙도 향상을 위한 모델이다. CMMI의 조직 개발 프로세스 성숙도는 레벨1~레벨5로 나뉘어 있다. 레벨1은 매우 미숙하고 혼돈된 프로세스Ad-hoc process이며, 레벨5는 최적화된 가장 성숙한 최고 수준의 프로세스optimizing이다.

- **CMMI 레벨 1**Initial 개인의 역량에 따라 프로젝트의 성공과 실패가 좌우된다. 소프트웨어 개발 프로세스는 거의 없는 상태를 의미한다.
- **CMMI 레벨 2**Managed 프로세스 하에서 프로젝트가 통제되는 수준으로 조직은 프로세스에 대한 어느 정도의 훈련이 되었다고 볼 수는 있지만, 일정이나 비용과 같은 관리 프로세스 중심이다. 기존 유사 성공사례를 응용해 반복적으로 사용한다.
- **CMMI 레벨 3**Defined 조직을 위한 표준 프로세스가 존재한다. 모든 프로젝트는 조직의 프로세스를 가져다 상황에 맞게 조정하여 승인받아 사용한다.
- **CMMI 레벨 4**Quantitatively Managed 소프트웨어 프로세스와 소프트웨어 품질에 대한 정량적인 측정이 가능해진다. 조직은 프로세스 데이터 베이스를 구축해 각 프로젝트에서 측정된 결과를 일괄적으로 수집하고 분석해 품질평가를 위한 기준으로 삼는다.
- **CMMI 레벨 5**Optimizing 이 레벨에서는 지속적인 개선에 치중한다. 조직적으로 최적화된 프로세스를 적용해 다시 피드백을 받아 개선하는 상위 단계이다.

2. OPM3^{Organizational Project Management Maturity Model}

미국 PMI에서는 2003년 개발한 OPM3를 제시하며 조직의 프로젝트 관리 성숙도 향상의 중요성을 언급하고 있다. OPM3의 핵심 개념은 약 600개의 우수 실무사례를 중심으로 조직의 전략과 성공적인 프로젝트 결과를 연결시키고 있다. 지속적인 개발을 통해 프로그램과 포트폴리오 관리의 표준과 연계시키며 2008년도 OPM3 제2판을 출시했다. OPM3의 표준은 지식knowledge, 평가assessment, 향상improvement의 3가지 요소로 구성되어 상호 연관관계를 가지고 있다.

3. P3M3®^{Portfolio, Programme and Project Management Maturity Model}

영국의 경우 2006년 OGC가 개발한 P3M3®성숙도 평가 모델을 통해 일곱 가지 관점에서 조직의 프로젝트 관리, 프로그램 관리, 포트폴리오 관리 능력 수준을 평가하고 있다. 2008년 제2판을 출시했다.

아무리 노력해도 프로젝트나 프로그램이 실패하는 경우가 있다. 프로젝트 매니저는 항상 어떻게 해야 프로젝트를 성공시킬 수 있는지 궁금해 하게 된다. 물론 성공하지 못할까 두려워지기도 하며, 그 이유로 새 일을 시작하기 싫어지는 경우가 생기기도 한다.

이런 경우, 우선 성공을 위한 틀과 전략적 역량부터 새로 생각해 보아야 한다. 틀과 전략적 역량이 우선되어 있지 않다면 세부적인 기술과 지식이 있더라도 무용지물이다. 회사 입장에서도 프로젝트와 사업의 성공 가능성을 높이고 뛰어난 프로젝트 관리자를 보다 많이 배출할 수 있는 길을 만들어야 한다. 이것이 바로 관리의 체계를 수립하는 이유이다.

프로젝트
주치의가 되자

한 치 앞도 내다볼 수 없는 불안정한 시대다. 목표를 잡고 사업이나 프로젝트를 진행하기도 하지만 눈에 보이는 성과를 내놓기가 힘들다. 그중에서도 해외에서 벌어지는 각종 건설, 플랜트, IT 사업 등의 프로젝트에서 수익을 내는 것은 더욱 어렵다. 이런 프로젝트에 참여하는 사람들은 프로젝트를 따내는 것조차 힘들다고 입을 모은다. 국내에서 '갑과 을의 계약 관계'에서 큰 어려움을 겪지 않았거나 안정적인 프로젝트들만 수행한 회사들은 모처럼 진출한 해외 프로젝트에서 더 큰 좌절을 겪는다.

프로젝트를 잘 수행하기 위한 최소한의 원칙이나 방침도 없이, 일선 현장의 실무자와 담당 임원에게 '알아서 잘 해라'라고만 하는 것은 무모하고 무책임한 일이다. 어떤 조직은 프로젝트를 효율적으로 수행하기 위해 외국에서 활용된 프로젝트 관리 프로세스나 역량에 의존하기도 하지만 이런 것들은 이론적인 사항들이라 실무에 적극적으로 적용하는 데는 한계가 있다.

해외 프로젝트에서 호되게 당한 기업이 다시 해외 프로젝트에 도전하기란 쉽지 않다. 대부분의 해외 프로젝트들은 그 규모가 커서 손실도 클 수 있다. 또한 문제의 원인을 찾을 수 없어 도전 자체에 두려움이 생기기도 한다.

대부분의 프로젝트 문제점은 전체적인 맥락에서 봐야한다. 다시 말해 나무를 보는 것이 아니라 숲을 볼 수 있도록 전체 시나리오를 관리 하는 것이 중요하다. 프로젝트는 조직에서 수행된다. 프로젝트 거버넌스를 통해 조직의 전략이 프로그램과 프로젝트에 관통하도록 정렬하는 것이 전체 시나리오를 함께 관리해야 하는 중요한 이유이다. 다음 그림과 같이 프로젝트 거버넌스, 포트폴리오 관리, 프로그램 관리, 프로젝트 관리가 함께 조화가 돼야 효율적인 프로젝트 경영체계가 확립된다.

[그림 13] 프로젝트 경영체계

하지만 이런 균형을 이루기란 쉽지 않다. 프로젝트를 관리하다보면 예상치 못한 문제나 위험 요소가 발생하기 때문이다. 이 책에서는 이러한 문제나 위험 요소를 가리켜 '트러블'이라고 했다. 이는 계획하거나 의도했던 상태와 다른 상태를 의미하는 것으로 일반적으로 프로젝트에서는 계약되거나, 계획된 일의 범위, 시간, 원가, 또는 품질 상태를 벗어나게 된 모든 경우를 의미한다.

이처럼 프로젝트 관리에서 발생할 수 있는 문제나 위험 요소를 사전에 예방하기 위해서 관리자들은 '프로젝트 주치의The Project's Doctor'가 되어야 한다. 프로젝트 주치의는 프로젝트 상황에 대해 좋은 결과(수익성)를 도출할 수 있도록 프로젝트를 관리하고 이해하는 예리한 통찰력과 신속한 판단력을 지니고 있어야 한다. 또한 한 프로젝트를 관리하고 이에 대해 조언하면서 문제가 생기면 이를 복구해야 한다. 가장 중요한 것은 문제가 생기지 않게 예방 조치를 해야 한다.

프로젝트의 생애주기에 걸쳐 트러블을 예방하고, 치료해 성과를 창출할 프로젝트 주치의는 다음과 같은 사람이 후보가 된다.

- 프로젝트 수행조직의 최고의사결정권자인 경영층CXO
- 프로젝트 재정적인 지원을 하는 스폰서Sponsor
- 조직의 프로젝트경영 성숙도를 높여주는 PMOProject Management Office
- 프로젝트 성과창출의 책임자 프로젝트 매니저Project Manager
- 프로젝트 코디네이터Coordinator인 프로젝트 리더Project Leader
- 프로젝트 품질을 가름 짓는 기능책임자Functional Manager

[표 1] 프로젝트 주치의 역과 책임 범위

수행지역	고객위치	사업규모	수행레벨
국내	조직내부	대형(거대)	포트폴리오
국외	조직외부	중형(보통)	프로그램
		소형	프로젝트
			태스크

프로젝트 주치의

사업영역	조직형태	생애주기	
컨설엔지니어링	국가기관		사업관리
교육훈련	비영리기관		조사분석
국정기획	시민단체		타당성검토
기계제작	사회적기업	초기단계	기초원천연구
도시개발	협동조합		연구개발
문화관광	대기업		개념설계
수출무역	중견기업		마케팅
에너지/자원	소기업		기본설계
엔터테인먼트	신생벤처팀		상세설계
우주항공	1인창조기업	중기단계	시공제작
자원개발			판매영업
정보통신			생산관리
정치캠페인			시운전/테스트
책출판		말기단계	운영유지
컨설팅			사후관리
프랜차이즈			
플랜트설비			

- 프로젝트 매니저를 보좌하는 프로젝트관리 행정 직원Administrative Staff
- 프로젝트 참여자Project Staff

결국은 프로젝트와 관련된 모든 이해관계자가 주치의가 될 가능성이 있다는 것이다. 각자가 수행하고 있는 프로젝트를 다음 그림의 예처럼 다양하고 자세하게 분류해 이에 걸맞은 역할과 책임을 다하다 보면 자연스레 프로젝트 주치의가 될 것이다.

제2장

퍼펙트 프로젝트 핵심 조건

| 핵심요약 |

＊다양한 문제를 일관성 있게 해결하기 위해서는 조직 내 정책과 프로세스를 확립해야 한다.

＊프로젝트의 단계별 전략이 중요하며 단계별 전략이 없다면 프로젝트는 실패한다.

＊조직의 정책과 프로세스를 실제로 적용하고 운영할 전문가를 구축하라.

내부 정책을
세워라

프로젝트를 계획하고 실행하여 성공적으로 마무리하기 위해 조직은 이를 관장할 수 있는 내부정책과 프로세스를 갖추어야 한다. 아무리 뛰어난 역량과 자질을 갖춘 조직이라 할지라도 프로젝트의 처음과 끝을 잘 조직하고, 전략적이면서 일관성 있게 이끌어 가기 위해서는 체계적인 내부 정책이 있어야 한다는 것이다. 또한 이러한 정책을 보다 구체적으로 프로세스를 통하여 구현하여야 한다. 그러지 않을 경우, 그 조직의 프로젝트 관리는 일관성 없이 언제나 운과 각 개인의 역량에 맡겨질 수밖에 없다.

프로젝트 관리자 개개인의 역량에 기대해 프로젝트를 맡길 것인가, 아니면 프로젝트 관리자의 평균 역량 수준을 높여 주는 내부 정책을 만들어 프로젝트 관리를 할 것인가?

답은 분명하다. 아무리 훌륭한 프로젝트 관리자를 보유한 곳이라 할지라도 탄탄한 내부 정책을 갖추는 것이 좋다.

프로젝트를 진행하다 보면 내부 의사 결정이 필요한 경우가 종종 발생한다. 물론 연륜 있는 프로젝트 관리자의 리더십과 경험으로 내부 의사 결정권자들을 관리하면서 문제를 해결할 수도 있을 것이다. 그러나 모든 경우가 그렇지는 않다. 때로는 연차가 낮은 프로젝트 관리자가 문제를 해결해야 할 때도 있고, 연차가 많더라도 문제 해결에 익숙하지 않는 경우도 있다. 이런 상황을 대비하고 문제를 보다 효과적으로 해결하기 위해 내부 정책을 세울 필요가 있다.

내부 정책이 있다면 프로젝트 관리자는 문제 해결을 위한 프로세스를 밟게 된다. 프로젝트 관리자에게 권한이 위임된 경우 프로젝트 관리자의 판단에 따라 문제를 즉시 해결할 수도 있다. 신속하고 명확한 판단은 문제 해결을 위한 내부 정책이 존재하는 경우에만 가능하고, 정책이 없는 경우에는 각 프로젝트 관리자들이 이를 판단하고 해결해야 한다.

내부정책은 해당 조직이 진행하는 프로젝트의 내용과 리스크의 특성에 따라 조율되어야 한다. 경영진들은 내부 정책과 관련 프로세스에 대해 인지하고 담당 부서들과 협업해 정책을 수립해야 한다. 만일 정책과 프로세스의 수립이 당장 어렵다면, 문제가 발생하는 경우를 대비해 프로젝트 관리자가 간략한 프로세스라도 정립해 두는 편이 좋다. 이때는 경영진의 승인이나 확인을 받아두는 편이 추후 문제가 생겼을 때 도움이 된다.

내부정책에 따른 의사결정이 신속한 문제 해결과 판단에 방해가 된다는 의견도 있다. 문제를 해결하기 위해 내부 정책에 따라 승인권자와 협의하고 해결을 구하는 것보다 담당자가 직접 판단하는 것이 더 낫지 않느냐는 주장이다. 물론 사안의 경중에 따라 담당자가 현장에서 직접 판단하고 사후 보고 정도로 마무리하는 것이 더 나을 수도 있다.

그러나 사안이 중요하고(물론 중요도는 회사나 조직의 상황에 따라 달라질 수 있다.) 결과가 프로젝트에 큰 영향을 주는 경우에는 반드시 내부 정책화해서 의사결정의 기준과 프로세스를 만드는 것이 좋다. 사안의 경중에 대한 기준 및 내부 정책화가 필요한 부분에 대해서도 세부 기준과 프로세스를 세워야 한다. 일반적으로 외국의 유명 프로젝트 수행 기업들은 내부정책을 사전에 체계화해 중요한 의사 결정을 위한 도구 및 기준으로 삼고 있다. 이를 통해 프로젝트의 성공 가능성을 높이고 각 프로젝트 관리자의 주관에 따른 실패 확률을 낮추고 있다.

때로는 내부 정책을 세분화해 프로젝트를 위한 계약 협상 단계에서부터 사용하기도 한다. 계약 조건을 그때그때 담당자나 상위 관리자가 결정하는 우리나라의 계약 협상 체계와는 확연히 다르다. 우리나라는 각 프로젝트마다 상이한 조건을 적용해 계약 리스크 관리가 어려운 경우가 허다하나, 선진 외국 기업의 경우 미리 정리해 둔 정책을 적용해 보다 일관성 있게 리스크 관리를 하고 있다. 이런 관리는 프로젝트를 성공적으로 이끌고자 하는 기업이나 조직이 벤치마킹 할 필요가 있으며, 가능한 체계적인 내부 의사 결정을 이끌어 가는 데 도움이 될 것이다. 내부 정책의 완성은 업무 관련자의 협의, 외부의 전문가들의 도움 등 다양한 방법론을 통해 만들 수 있다.

프로세스를
만들어라

일단 조직 내에 전체적인 정책이 구성되었다면, 이를 구체적으로 실현하는 프로세스가 필요해 질 것이다. 프로세스는 정책 하에서 구체적으로 프로젝트 관리를 어떻게 실현할 것인가에 대한 내용을 담고 있다. 구성원 전체가 이 프로세스를 따라야만 프로젝트 관리가 전략과 정책에 부합되면서, 일관된 방식으로 프로젝트 관리를 수행할 수 있게 될 것이다.

D기업의 프로젝트 관리자인 김 과장은 이제 경력 7년차로 프로젝트 관리에 대하여는 어느 정도는 알고 있다고 자부하고 있다. 그러나 사실 프로젝트 관리자로는 이제 약 2년여의 경력만이 있을 뿐이다. 지난 5년 간은 프로그램 개발자로 일해 왔었고, 고참이 되면서 프로젝트 관리자와 긴밀하게 일하며 어깨 너머로 프로젝트 관리 업무에 대하여 알게 되

었다. 김 과장은 프로젝트 관리자 업무가 다소 부담이 되기는 하지만 프로그램 개발자로서의 업무보다는 더 자신에게는 잘 맞는 일이라고 생각하고 있었다. 그러나 프로젝트 관리자로서의 역량을 제대로 배워보지 못하고 현업에 투입되어 언제나 불안하고, 좀 더 체계적으로 배웠더라면 하는 아쉬움을 가지고 있다.

김 과장이 최근에 받은 업무는 C사의 물류체계 개선 프로젝트로 현재 사용하는 물류체계를 새로운 프로그램을 설치하면서 좀 더 업그레이드 하는 업무이다. 김 과장이 늘 해오던 프로그램 개발업무와 연관이 되어 있기 때문에 크게 거부감이 들거나 어렵지는 않다. 상대 회사인 C사의 최 부장도 친절하고 합리적이어서 일을 같이 하는데 큰 어려움이 없다. 다만 최 부장이 치밀하지 못해서인지 프로젝트의 변경 사항을 자주 요청하는 것이 흠이었다. 김 과장은 이러한 프로젝트 변경 요청이 어느 정도 비용 증가로 이어지는 지 아직 정확하게 계산할 수 없었다.

얼마 전, 김 과장은 C사 최 부장을 의례적으로 만나게 되었는데, 최 부장은 이제까지의 변경 요청과는 다소 규모가 다른 변경요청을 해 왔다. 최 부장은 이러한 변경 요청이 전체 프로젝트의 비용에 어떻게 영향을 주는 지는 잘 모르고 있었다.

김 과장은 이러한 변경 요청이 당황스러웠다. 하지만 D기업 내부 프로세스 상 프로젝트 변경에 필요한 절차가 따로 있다고는 생각하지 않고 있었다.

"아무래도 고객 만족이 우선일 것이야. 이정도의 변경 요청은 언제나 할 수 있는 것 아닌가? 그렇다고 매번 가격 이야기를 꺼낼 수도 없지."

김 과장은 프로젝트를 변경하는 것도 프로젝트 관리자로서 중요한 업무라 생각해 프로젝트를 바꾸고 계속 수행했다. 그러나 나중에 보니 프로젝트의 변경 시, 인력 구성 및 프로젝트 일정에서 많은 변화가 있기 때문에 회사 경영진뿐 아니라 관련 부서와의 협의, 승인이 필요하다는 것을 알게 되었다. 결국 C사 최 부장이 요청한 변경사항은 전체 프로젝트 비용을 15% 이상 증가시키는 것이었다. 그리고 이제 까지 소소한 프로젝트 변경으로 인해 비용은 이미 7% 이상 증가했었다. 추후 얼마나 더 비용이 늘어날지, 일정에 영향을 줄지는 아직 정확하게 계산하기 어렵다. 김 과장은 성실하게 이 프로젝트를 관리하고 있었으나, 이러한 변경요청에 대한 적절한 대응이 없었기 때문에 결국 20% 이상의 비용 증가를 가져오게 되었고, C사와는 불필요한 분쟁이 생기게 되었다. C사 입장에서는 이러한 변경 요청에 대하여 D사 김 과장이 받아 들였고 이에 대하여 추가 청구는 없을 것이라고 이해했다는 것이다.

이 건은 만약 김 과장이 내부 전문부서들과 검토하고 다양한 의견을 참고했다면 충분히 막을 수 있는 건이었다. 혹은 신임 프로젝트 관리자라 할지라도, 이러한 경우 내부 관련 부서의 승인을 받아야 한다는 것을 프로세스에 명시했더라면 김 과장도 충분히 대응할 수 있었을 것이다.

프로젝트를 관리할 때 기준과 절차가 없는 경우라면, 경력과 역량이 부족한 프로젝트 관리자는 선임자로부터 배우거나 혹은 스스로 어떤 위치에 오를 때까지 많은 실수와 혼선을 반복할 수밖에 없다. 그러한 시간이 몇 년이 걸릴 수도 있고, 아니면 경력을 다할 때까지 모두 이해하지 못할 수도 있다. 그러나 반대로 어느 일정한 기준과 절차를 정립해 두면 경력과 역량에 상관없이 일정한 수준의 관리 역량을 단시간 내에 습득하는 것을 기대해 볼 수 있지 않을까?

위의 김 과장의 예라면 그에게는 7년 경력에 5년간의 프로그램 개발자 경력이 있다. 그러나 프로젝트 관리자로서는 2년 밖에 되지 않았고, 프로젝트 관리에 대해 충분한 시간을 가지고 역량을 키울 기회나 시간이 없었다. 그렇다고 김 과장이 충분한 역량과 수준에 도달할 때까지 시행착오를 거듭하는 것을 지켜볼 수는 없다. 또한 김 과장도 그런 시간이 몹시 괴로울 것이다.

만일 D사에 신임 혹은 경력이 많은 프로젝트 관리자가 모두 이해할 수 있는 프로젝트 관리 프로세스가 있었다면 모든 프로젝트 관리자는 이에 따라 프로젝트를 수행했을 것이고, 이제 갓 부임한 프로젝트 관리자도 이에 따라 최대한 실수를 방지할 수 있었을 것이다.

프로젝트는 분명 사람들이 하는 일이고 사람들 간의 협조로 이루어지는 일이지만, 때로는 이러한 협조나 개인의 판단이 옳은 방향으로 가지 않을 때가 있다. 이때 명확한 프로세스와 원칙이 정립되어 있는 경우 오류를 방지해 준다.

회사마다 사정이 다르기 때문에 각각 기준은 다르겠지만, 고객이 프로젝트 변경을 요청했다고 가정해보자. 프로젝트 변경에 따른 프로세스는 다음과 같이 이루어진다.

법무팀이 먼저 검토를 해서 의견을 내고, 품질팀도 전체 품질에 영향을 주는지 확인해 검토 의견을 제시하게 된다. 재무팀은 변경 요청이 전체 비용 구조에 심각한 영향을 줄 수 있는지 확인하고 승인하게 된다.

구매팀은 구매 사항에 변화가 있는지 파악해야 한다. 해당 팀의 관리자는 이를 총괄적으로 검토해 해당 부서의 검토와 승인을 받았는지 확인하고 최종 승인을 한다. 사안에 따라 CEO의 최종 승인이 필요할 수도 있고, 전결로 처리할 수도 있다.

이와 같은 절차와 검토 및 승인 절차를 미리 명시하게 되면 담당자 혹은 프로젝트 관리자는 망설임 없이 문제를 신속하게 처리해 나갈 수 있게 된다. 이런 사전 절차와 기준은 가능하면 앞서 언급한 사내의 정책(프로젝트 관리 정책)에 포함시켜 두는 것이 좋다.

간혹 고객사나 고립된 장소에서 힘들고 외롭게 프로젝트를 묵묵히 수행하다 보면 프로젝트에 빠져 지내게 돼 프로젝트 문제를 제대로 판단하기 어려울 수 있다. 이에 대해 각 프로젝트 관리자의 자의적인 판단에 의존하기 보다는 사내에 정립된 의사결정 프로세스를 따르면 프로젝트의 성공에 다음과 같은 긍정적인 영향을 줄 수 있게 된다.

- 프로젝트 관리자의 자의적인 판단과 회사 이해관계자들의 객관적인 판단이 더해져 보다 정확한 판단을 내릴 수 있다.
- 문제가 발생한 경우 정해진 프로세스를 밟게 해 문제해결에 몰입할 수 있다.
- 프로젝트 관리자 간의 개인적인 격차에도 불구하고 일관적인 결정을 내릴 수 있다.

만약 의사결정 프로세스를 거치지 않는다면 문제 해결은 더 어려워진다. 대부분의 트러블 프로젝트들은 일방적인 판단과 비객관적인 관리

상태에서 나오기 때문이다. 이런 리스크 관리 프로세스에 계약 체결 전의 의사결정 프로세스를 연계해 놓으면 리스크 관리에 보다 더 도움이 된다.

다음 표는 효율적인 의사 결정 프로세스의 정립을 나타내는 형식이다. 상대방이 프로젝트의 변경을 요청한 경우, 법무, 품질관리, 재무, 구매, 인력 관리 측면에서 고려할 사항들이 많다. 이러한 고려 사항이 있다는 것을 프로세스 상에 명시하여 둔다면, 회사 경력이 짧거나 프로젝트 관리자로서의 역량이 다소 부족한 사람도 고참 프로젝트 관리자처럼 보다 완벽한 업무를 하게 되며, 개인적인 차이에 따라 달리 해석할 수 있는 여지도 줄일 수 있다.

Case	상대방의 프로젝트변경 요청	프로젝트 해지(트러블이 심각한 경우)
법무	계약조건 사항인지?	해지가 누구의 과실인지?
QA(품질)	전체 품질에 영향을 주는지?	품질이 주요 요인인지?
재무	변경이 프로젝트 원가 상승이나 지체배상금을 야기하는지?	해지료 등 해지의 경제적 관점은?
구매	변경이 새로운 구매를 필요로 하는지?	기구매 등 해지에 따른 정산은?
인력 관리자	변경이 추가 고용을 필요로 하는지?	현재의 인력은 어떻게 활용할 수 있는지?
기타	변경사항이 야기하는 것은?	해지로 인한 간접적 사항 검토

[표 2] 의사결정을 위한 프로세스

프로젝트 관리,
단계별 전략을 수립하라

　어쩌다 한 번씩은 관리를 철저히 하지 않아도 일이 잘 진행되는 경우가 있다. 하지만 그런 예외적인 경우를 제외한다면 프로젝트를 단계별로 나누어 전략과 프로세스에 따라 철저히 관리할 필요가 있다. 이 관리에 실패하게 되면 프로젝트의 성공 확률을 떨어지고 결국 성과를 얻지 못하게 된다.

　그리고 프로젝트가 실패하는 경우를 살펴보면 실패를 대비해 세워놓은 전략을 지키지 않는 경우가 많았다.

　미국의 A사는 최근 10년간 승승장구 하면서 매년 약 10% 이상의 성장을 해 오던 회사다. A사는 큰 어려움이 없었기 때문에 내부에 원칙이나 프로세스를 세울 필요성을 크게 느끼지 못했다. 그래서 언제나 최소한의 프로세스만을 두고 영업을 해 왔다. 프로젝트에 대한 리스크 분석, 관리 등의 측면에서는 소홀했지만, 그럼에도 불구하고 호경기라는 측면과 경쟁력 있는 제품 덕에 큰 어려움을 겪지는 않다.

그러나 최근 영업 부진으로 고생하면서 경쟁사와의 경쟁 관계에서도 밀리기 시작했고 수익률마저 떨어지고 있다. 수익률이 거의 0% 내외에서 최근 마이너스로 떨어지게 되자 A사는 결국 최소한의 내부 프로세스마저 흔들리게 됐다. A업체는 이로 인해 새로운 프로젝트에 대한 계획 수립과 리스크 분석 등을 더욱 더 등한시하고, 무리하게 이 프로젝트, 저 프로젝트를 따 내기 위해 흔들리는 모습을 보였다.

프로젝트에 대한 분석, 계획, 준비, 착수 단계에서의 프로젝트 참여 인원 구성, 리스크에 대한 공유도 무시한 채 프로젝트를 진행하는 경우가 많아졌다. 프로젝트에 대한 분석도, 계획도 없이 무리하게 프로젝트를 시작하면서, 진행 단계에서 무리수가 따랐고 생각지도 못한 일들이 벌어져 자주 당황하게 되었다.

이러한 무리수로 인해 급기야 대규모 손실이 나는 프로젝트가 생겼다. 이 손실 규모는 회사전체 자본금 규모에 육박하는 것으로 회사를 안정적으로 운영해 나가는데 큰 위협이 되고 말았다. 결국 이 A사는 프로젝트에서의 어려움을 극복하지 못했고, 이러한 어려움은 곧바로 손실로 이어져 자금난을 겪다가 다른 업체에 인수되었다.

이 사례는 어느 회사에나 일어날 수 있는 일이다. A사와는 달리 I사의 경우에는 프로젝트를 시행하기 전에 그 프로젝트를 진행할지(계약을 체결할지)에 대하여 충분히 사전에 수익성과 리스크를 검토하는 프로세스를 두고 그러한 검토를 통해 충분한 수익을 낼 수 있고 여러 가지 리스크를 잘 극복해 낼 수 있는 지, 그리고 해당 프로젝트의 문제점들을 I사가 잘 극복할 수 있는지를 알아본다. 또한 이 대응방안들을 프로젝트 착수 단계에서 관련 팀 구성원들과 충분히 공유하고 더 나은 해결방안은 없는지 토의한다. 이 분위기는 프로젝트 실행 단계 내내 이어지고 있다. I사는 기업 내 프로세스와 문화를 갖추고 있기 때문에 당연히 프로젝트의 성공률이 높아졌고, 긍정적인 노하우와 문제해결 방법으로 다른 회사와는 차별되는 경쟁력을 갖추게 되었다.

A사는 프로젝트 준비 단계에서 충분한 검토와 대응방안을 마련하지 않았으므로 프로젝트를 선별할 기회를 잃게 되었다. 따라서 리스크가 너무 크거나, A사가 감당할 수 없는 프로젝트도 일단 진행해야 했다. 또 충분한 프로젝트 계획이 없었기 때문에 그냥 열심히 잘 해 보자는 얘기 밖에는 내부적으로 할 수 있는 것이 없었다.

극단적인 예를 들기는 했지만 이러한 A사와 I사의 차이는 많은 회사들에게서 볼 수 있다. 당신이 속한 조직이 어느 쪽에 있는가는 장기적으로 당신의 조직이 어떻게 경쟁력을 갖추게 될 것인지를 말하게 된다. 당신의 조직은 어디에 속하는가?

프로젝트를 진행하다 보면 중도에 뜻밖의 일들을 많이 겪게 된다. 그 순간을 잘 대응하는 프로젝트 구성원이 있다면 예견하지 못했던 문제도 잘 넘기게 될 것이다. 그러나 때로는 전 조직 구성원들이 합심하고 협력해도 해결할 수 없는 문제를 당면할 수도 있다.

프로젝트는 항상 다양한 문제들을, 다양한 상황에서 겪기 마련이다. 그 문제들을 최소화하기 위해서는 프로젝트의 각 단계에서 전략과 계획을 잘 수립하는 것이 무엇보다 중요하다. 그런 면에서 프로젝트의 준비, 착수, 실행, 종료 중에서도 준비 단계에서 모든 문제들을 검토해 보고 이에 대한 대책을 세우는 것이 무엇보다 중요하다고 할 것이다.

각 단계별로 세워야 할 대책들 중에서 가장 중요한 것들에 대해서는 그 프로젝트에 적합하게 미리 대비해 두어야 한다. 대비책 중에 미비한 점이 있다면 미리 다른 대책을 준비해 두어야 하고, 그러한 중요 사항들이 프로젝트의 성공에 큰 영향을 주는 것이라면 사전에 신중히 검토하여 프로젝트를 착수해야 할지 아니면 진행하지 말아야 할지를 결정해야 한다.

많은 수의 프로젝트들이 중대한 사항에 대한 대비책 없이 막연하게 시작해 큰 어려움을 겪는 경우가 많다. 그 사항이 프로젝트의 성패에 큰 영향을 주고 매우 부정적인 결과를 초래할 수 있다는 것을 알았음에도 불구하고 프로젝트를 강행하는 것은 기름을 들고 불에 용감하게 뛰어드는 것과도 같다.

프로젝트에 참여하는 전문가들은 프로젝트 수행과 완료를 위해 필요한 사항들을 제대로 준비할 수 없거나 도저히 극복할 수 없는 문제가 있음을 알게 된 경우, 과감한 결정을 내릴 필요가 있다. 계약 체결 전이라면 계약을 포기하는 것도 고려해야 한다. 과거 우리나라의 경우 낮은 이익을 보더라도 가리지 않고 일을 시작하거나, 무조건 "하면 된다"의 정신으로 일을 했다. 하지만 이제는 우리가 하는 일들의 규모도 크거니와 예전과는 비교할 수 없이 복잡한 일들을 하고 있다. 이러한 일들은 실패했을 경우 손실도 막대하기 때문에 일을 시작하기 전에 그 일에 대한 계획과 준비 그리고 착수를 할지 말지에 대한 판단을 내려야 한다.

계획과 준비로 확신을 가지고 프로젝트를 시작했을지라도 만일의 경우를 대비해 그 프로젝트를 중도에 큰 손실 없이 중단하거나, 그 프로젝트에서 빠져나올 수 있는 대책을 미리 세워서 이러한 점들을 프로젝트 계획과 계약 내용에 반영해 두는 것도 프로젝트 관리 차원에서 매우 중요한 요소이다.

정책과
프로세스의 가이드

대형 프로젝트 또는 어렵고 복잡한 프로젝트를 진행할수록 매우 어렵고 치밀하게 작성된 계약서에 의존하게 된다. 이 계약서마저도 일반 프로젝트 관리자나 엔지니어가 이해하고 관리하기에는 매우 어렵다. 법무팀의 변호사라 하더라도 프로젝트 계약은 두 회사 간의 사업, 재무, 기술적 요소와 밀접하게 관련된 합의 사항이기 때문에 계약서에 대한 모든 내용을 관리하기란 쉽지 않다. 이럴 때 사내 비즈니스 프랙티스 담당자 및 계약 협상 관리자가 필요하다. 이들은 또 앞서 수립한 정책, 프로세스가 실제로 조직 내에서 작동하고, 일관성 있게 적용되며 또한 지속적으로 진화가 가능하도록 해 준다.

S사의 찰스는 오랫동안(약 15년) 사내에서 비즈니스 프랙티스 담당자 역할을 해 오고 있다. 찰스의 역할은 사내의 정책과 프로세스들을 영업

담당자나 프로젝트 관리자들에게 가이드하고 또한 조직 내 구성원들이 이를 잘 따라 업무를 수행하는 지 체크하는 것이다. 그는 이 업무에 대하여 매우 만족하고 있다. 자신이 사람들을 도울 뿐 아니라, 회사가 제대로 성장 할 수 있도록 정책과 프로세스에 따라 운영되는지 확인하는 역할도 하기 때문이다. 찰스는 이 업무를 오랫동안 해왔기 때문에 이 사람들에게 문제가 생길 때마다 문제를 풀어 주는 일에서 보람을 느낀다.

사내의 프로젝트 관리자들도 찰스를 좋아한다. 물론 사사건건 간섭하는 사람 같다고 좀 싫어하는 사람들도 있다. 그러나 기본적으로 찰스가 하는 일이 자신들의 일을 돕고, 문제가 생기지 않도록 해 주는 것임을 알고 있다. 또 프로젝트 관리자라 할지라도 회사의 모든 정책과 프로세스를 이해할 수는 없기 때문에 이러한 문제들을 잘 설명해 주고 바로잡아 주는 찰스의 역할은 프로젝트 관리자에게 매우 도움이 된다.

찰스와 같은 팀에 있는 스티브는 정책과 프로세스에 맞춰 계약이 이루어지고 관리할 수 있도록 외부와 소통하는 역할을 담당하고 있다. 스티브도 찰스와 마찬가지로 조직 내부에서 직원들을 가이드 해 주는 역할을 오랫동안 해왔다. 스티브는 상대방 회사와 의견을 조정하고 협상을 하는 역할을 하고 있다. 물론 스티브 마음대로 하는 것이 아니라, 회사의 정책과 프로세스 등 기준에 따라 협상을 수행한다. 그는 회사의 정책과 프로세스가 좀 더 유연했으면 하는 생각도 했었다고 한다. 하지만 현재 회사의 정책과 프로세스를 자신과 찰스가 임원진 보고를 통해 수정해 나갈 수 있기 때문에 큰 불만은 없다.

S사의 경영진 또한 찰스와 스티브 팀의 역할에 대하여 매우 만족해한다. 찰스는 사내에서 비즈니스 프랙티스 담당자 역할을 훌륭하게 수행하

고 있고, 스티브는 외부와의 계약 혹은 특정 건에 대한 협의 시 정책과 프로세스를 기반으로 진행하고 있다. 문제가 발생하는 경우에는 언제나 임원진에 보고하여 승인을 받음으로써 문제를 원만하게 해결해 가고 있다. 임원진 또한 문제를 자기 마음대로 해석하여 결정하는 것은 아니다. 프로세스에 정해진 바에 따라 결정을 하는 것이어서, 회사가 정한 큰 원칙에는 위배되는 일이 없다.

S사가 이처럼 정책과 프로세스에 기반을 둔 업무를 진행할 수 있었던 것은 찰스와 스티브의 역할이 컸다. 그들이 없었다면 회사 내에 아무리 좋은 정책과 프로세스를 세운다 할지라도 사상누각으로 끝났을 것이다. 영업 담당자 혹은 프로젝트 관리자가 정책과 프로세스에 스스로를 맞춰가며 업무를 수행하기가 어려운 데다, 각자가 이해하고 지키려는 수준이 달라 일관성을 갖기 어렵기 때문이다.

이러한 역할은 해외 기업 중 산업을 선도하는 기업들이 많이 채택하여 전세계 법인들에도 동일하게 적용하여 왔다. 글로벌 기업들이 본사가 있는 지역 뿐 아니라 전세계를 대상으로 동일한 정책과 프로세스를 적용한다는 것은 쉽지 않기 때문에 비즈니스 프랙티스 담당자와 계약 협상 관리자를 두고 이를 활용하여 회사의 원칙과 정책, 그리고 프로세스에 따라 회사가 운영되고 관리될 수 있도록 한 것이다.

비즈니스 프랙티스 담당자 및 계약 협상 관리자는 국내에서는 아직 잘 활용되고 있지 않지만 외국에선 비즈니스 프랙티스 관리자Business Practice Manager, 계약 관리 전문가Contract Manager나 계약 협상 관리자Contracts & Negotiations Manager라는 직책으로 회사 내부의 원칙과 정책, 프로세스 적용 및 가이드, 그리고 프로젝트와 관련된 모든 계약 사항과 두 회사 간의 합의사항을 관리하고 협상한다.

또한 프로젝트 관리자 및 경영진에게 조직 내의 정책과 프로세스를 해석하고 조언하는 일을 담당하게 하고 있다. 다음의 표는 그중에서도 계약 협상 관리자의 역할에 필요한 직무 역량을 도표화 한 것이다.

직책	필요한 역량
• 계약 전반에 대한 관리 • 계약 절차 지원 • 계약 검토 및 상대방 회사와의 계약 협상 업무 • 주요 계약 리스크에 대한 내부 공유 및 의사결정 및 승인 과정에 참여	• 프로젝트에 대한 기본적인 이해 • 기본적인 법무 지식 • 협상 및 커뮤니케이션 역량 • 계약 검토 및 작성 능력 • 프로젝트 리스크에 대한 기본 지식 • 창의적인 문제 해결 능력

[표 3] 계약 협상 관리자의 업무

계약 협상 관리자를 두면 다음과 같은 장점이 있다.

• 법무, 프로젝트팀, 상대방 및 내부 경영진 간의 중간 역할을 하면서 프로젝트의 전반적인 리스크 관리를 계약서 중심으로 할 수 있다.
• 상대방과의 계약 시 보다 전문적으로 일을 처리할 수 있으며 법적 문제들을 리스크 관리의 관점에서 협상하고 해결할 수 있다.
• 프로젝트 수행 중에 일어날 수 있는 일들과 변경 요청에 대해 계약서 전반에 대응할 수 있으며 일관성 있는 계약 관리 및 프로젝트 관리를 가능하게 해준다.

별도의 계약 협상 관리자 없이 프로젝트를 관리하는 경우에는 프로젝트와 관련된 구성원들 중 누군가가 해당 업무를 수행해야 한다. 때로는 법무팀이나 변호사에게 계약 리스크에 대한 자문을 구해야 할 수 있다. 이 때 프로젝트 관리자는 프로젝트 계약 체결 전/후 및 프로젝트 진행 도중에서 발생할 수 있는 여러 문제점, 또는 업무 단절에서 오는 리스크가 발생하지 않도록 주의해야 한다.

얼마 전, 세계적인 주기기 및 엔지니어링 기업이 국내에 엔지니어링 사업을 시작하면서 모집 공고에 계약 관리 전문가 공고를 낸 적이 있다. 국내 건설회사 혹은 엔지니어링 회사의 경우 법무팀 모집 공고를 통해 사람을 채용하는 일은 있으나 구체적으로 계약 관리자를 모집 공고 대상으로 삼은 것은 흔한 일이 아니다.

해외 선진 기업들은 법무팀이나 사내 변호사 이외에 프로젝트와 관련된 계약 관리자를 별도로 두고 프로젝트 관리에서 발생하는 다양한 계약 사항들을 해결하고 관리하도록 하고 있다. 주로 계약 체결 전 단계에서는 계약 협상자로서 활동하고, 계약 체결 이후에는 계약 관리자로서 활동하게 되는데, 사전 사후에 걸쳐 계약 전반을 관리하는 경우도 많다. 외국에서는 계약 관리자나 계약 협상 전문가를 두는 것을 중요하게 생각하고 있다. 이들 없이는 대형 프로젝트에서 발생할 수 있는 문제, 변동, 분쟁을 체계적으로 해결해 나갈 수 없다는 것이다. 따라서 해외 사업을 추진하는 기업이라면, 계약 협상 관리자를 활용해 계약상의 문제로 막대한 손실을 보거나 더 큰 기회를 놓치는 일이 없어야 하겠다.

프로젝트 관리자가 알아야 할
글로벌 PM 스탠다드와 역량

프로젝트 관리자가 자신의 프로젝트 관리 방법론을 정립하기 위해 알아야 할 글로벌 PM 스탠다드와 역량은 어떠한 것이 있을까.

글로벌 PM 스탠다드

프로젝트 관리자로서 세계 각국에서 적용되고 있는 PM$^{Project\ Management}$의 국가표준을 참고할 필요가 있다. 2000년대 들어와서 영국, 미국, 독일 등 12개 국가들은 PM에 대한 국가표준 및 가이드를 개발하여 자국의 공공 및 기업 프로젝트 프로세스에 적극 활용 중에 있다.

전 세계적으로 PM 국가표준 및 글로벌 표준을 개발하려는 움직임은 매우 활발하다. PM 글로벌 표준은 영국의 짐 고든 박사$^{Dr.\ Jim\ Gordon}$가 ISO 회원단체인 영국표준협회^{BSI}를 통해 글로벌 PM 표준을 제정하도록 2006년 ISO에 제안한 것이 그 시작이다. ISO는 PM 기술위원회 TC236

을 설치하고 2007년부터 표준화 작업을 시작했다. 이 위원회에는 37개 참가국과 14개 관망국 등 총 51개국이 참여했으며 의장은 영국 BSI가, 사무총장은 미국 ANSI가 맡았다.

글로벌 PM 표준을 제정하기 위하여 참고한 세계 국가표준 및 자료들은 다음과 같다.

- **영국**   BS 6079-1: 2002
- **미국**   ANSI/PMI 99-001-2004 PMBOK Guide®
- **독일**   DIN 69901-2 PM Process Model
- **프랑스** CN FD X 50-115 Project Management
- **호주**   BSB01-4B Competency Standards
- **일본**   P2M Guidebook, Volumes I & II
- **ISO**   ISO 10006(Guidelines for Quality Management in Projects)

가장 많이 쓰이는 표준은 미국 PMBOK Guide®(A Guide to the Project Management Body of Knowledge) 인데, ISO 21500과 PMBOK Guide®는 유사한 면이 많다. 둘 모두 5개 프로세스 그룹과 10개 지식 영역을 기반으로 하고 있다.

표준지침	ISO 21500 : 2012	PMBOK Guide® : 5th Ed.
발행시기	2012년 9월	2012년 12월
프로세스그룹	5가지 프로세스 그룹	5가지 프로세스그룹
	착수(Initiating)	착수(Initiating)
	기획(Planning)	기획(Planning)
	이행(Implementing)	실행(Executing)
	통제(Controlling)	감시 및 통제(Monitoring and Controlling)
	종료(Closing)	종료(Closing)
영역구분	10개 주제그룹	10개 지식영역
	통합(Integration)	통합(Integration)
	범위(Scope)	범위(Scope)
	자원(Resource)	인적자원(Human Resource)
	시간(Time)	시간(Time)
	원가(Cost)	원가(Cost)
	리스크(Risk)	리스크(Risk)
	품질(Quality)	품질(Quality)
	조달(Procurement)	조달(Procurement)
	의사소통(Communication)	의사소통(Communications)
	이해관계자(Stakeholder)	이해관계자(Stakeholder)
프로세스	39개 프로세스	47개 프로세스

[표 4] ISO 21500과 PMBOK Guide®과 비교

글로벌 PM 역량

1. IPMA - ICB

프로젝트 관리자로서 알아아 할 글로벌 PM 역량은 비엔나에서 1965년 설립되어 현재 55개 회원 단체로 구성된 IPMA^{International Project Management Association}에서 제시하고 있는 ICB®^{IPMA Competence Baseline}를 추천한다. 이 모델에서는 기술적 역량, 상황적 역량, 행위적 역량으로 크게 3그룹으로 나누어 모두 46개 개별요소들을 제시하고 있다.

IPMA의 회원국들은 ICB®를 기반으로 각국의 문화 및 프로젝트 환경에 맞는 NCB^{National Competence Baseline}를 개발할 것을 권고하고 있다.

IPMA는 ICB®를 기반으로 4개 레벨^{IPMA Level A-D}의 인증제도를 시행하고 있다. 2012년을 기준으로 약 15만 명이 IPMA의 인증을 보유하고 활동 중이다.

2. PMI - PMP

미국 PMI도 1984년부터 PMBOK Guide를 기반으로 PMP®^{Project Management Professional} 인증을 시행하고 있다.

전 세계 170개국에 약 26만 5천여명이 활동 중이며 우리나라에도 2013년 기준 약9000여명이 활동중이다. PMP®인증을 유지하기 위해서는 PMI 인증 유지 프로그램인 PMI Continuing Certification Requirements (CCR) program, 즉 인증갱신을 통해 PM 분야에서 지속적으로 전문적인 활동을 하고 있음을 증명해야 한다. 우리나라의 경우 PMP® 인증자는 많으나 3년마다 받아야 하는 인증유지 조건을 만족하지 못해 실제 인증유지자는 적은 편이다.

미국 PMI는 PMP® 외에도 아래와 같은 PM역량에 대한 인증제도를 시행중이다.

- Certified Associate in Project Management(CAPM)®

  : PMP 보다 낮은 레벨의 인증

- Program Management Professional(PgMP)®

  : 프로그램관리 전문가 인증

- Portfolio Management Professional(PfMP)SM

  : 포트폴리오관리 전문가 인증

- PMI Agile Certified Practitioner(PMI-ACP)®

  : 에자일 실무자 인증

- PMI Risk Management Professional(PMI-RMP)®

  : 리스크관리 전문가 인증

- PMI Scheduling Professional(PMI-SP)®

  : 일정개발 전문가 인증

- OPM3®Professional Certification

  : 조직PM성숙도모델(OPM3) 전문가 인증

3. 국내

한국PM협회도 창립 20주년을 맞이하여 2011년부터 한국형 PM인증제도와 PM역량진단모델인 PMCA^Project Management Competency Model 서비스를 개발해 시행중이다.

서울대학교는 2010년부터 Engineering Project Management^{EPM} 고급전문가 과정을 통해 공인 엔지니어링 프로젝트 매니저^{Certified} Engineering Project Manager 인증제도를 시행하고 있다. 2013년까지 3년간 약 백여 명의 CEPM을 배출했으며, 이들은 현재 세계무대에서 활발하게 일하고 있다.

한국 최초의 엔지니어링 대학원으로는 2012년 개교한 포스텍 엔지니어링 대학원이 있다. 이 대학원의 프로젝트 관리 영역은 프로젝트 관리 입문 과정, 실무 과정과 계약 관리와 협상, 리스크 관리 등을 교과목에 포함하고 있다. 프로젝트 관리 영역 이외에도 시스템 엔지니어링과 화공, 발전, 철강 및 해양 영역, FEED^{Front End Engineering Design} 영역 등을 교육하고 있다.

프로젝트의 처음과 끝을 모두 관장하여 성공으로 이끄는 완전한 방법론은 아직 완성되지 않았다. 여러 방법론과 간접적인 관련 지식들을 쌓아가며 자신이 주로 하는 프로젝트 영역에서의 성공론을 찾아야 하는 게 현실이다.

기존의 프로젝트 관리 방법론은 충분히 구체적이지가 못해 실사용자의 요구를 충족시키지 못하고 있다. 또한 계약 체결 이후의 프로젝트 단계에 초점을 맞추고 있어 계약 체결 이전의 수주나 마케팅 활동에서 필요한 실행 단계의 프로젝트 관리적인 측면은 강조되고 있지 않다. 이 책은 프로젝트 수주 단계와 실행 단계의 연결 고리를 알려주고 있다는 점에서 가치가 있을 것이다.

제3장

—

준비

| 핵심요약 |

＊준비 단계에서는 발생가능한 리스크의 적절한 배분이 중요하다. (발주사, 수주사 등)

＊모든 이해관계자들과 원활하게 협업하고 소통해야 한다. 원활한 소통

＊프로젝트 관리자의 핵심 역량은 리스크 관리이다.

완벽한 관리
'Back to Back'

프로젝트가 대형화 되다 보면 여러 기업들이 참여하여 프로젝트를 수행하게 된다. 그러한 경우 어떤 기업은 주계약자^{Prime Contractor}가 되고, 어떤 기업은 부계약자^{Sub-Contractor}가 된다. 주계약자는 계약 상대방과 계약을 맺을 때, 부계약자와는 어떤 조건으로 계약할지 혹은 부계약자와의 조건이 미리 알려져 있다면 계약 상대방과의 계약 조건을 어떻게 협상할 것인지에 대한 계획을 세우고 있어야 한다. 이처럼 주계약자 입장에서 계약 상대방 및 부계약자와의 계약 조건들이 서로 적절하게 대응하도록 하는 것을 '백투백^{Back-to-Back}' 리스크 관리라고 한다.

자신을 사이에 둔 계약 상대방들과의 계약에서 자신이 모든 리스크를 부담하지 않도록 리스크 관리 전략을 짠다는 의미이다. 최악의 경우에는 계약 체결을 위해 어쩔 수 없이 자신이 리스크를 모두 부담하는 경우도 있다. 이런 경우라도 이에 대해 미리 인지하고 있어야 하며 이는 리스크 관리에서의 중요 핵심이 된다.

　약 100억 원 규모의 소규모 데이터 센터 시설을 만드는 프로젝트가 있었다. 이 데이터 센터의 발주사인 A사는 비록 소규모나 회사 입장에서는 중대한 부분을 차지하므로 최대한 문제없이 완공하고 싶었다. 이에 A사는 입찰 공고를 내기보다 수의 계약 형식으로 이 분야에 강한 B사와 협의를 시작하게 되었다. 어느 정도 기술적인 부분에 대해 만족한 A사와 수주사인 B사는 이 프로젝트에 대한 계약 체결을 위해 약 한 달간 협상을 진행하다 마침내 계약 체결을 했다. 그런데 이 프로젝트의 성공을 위해서는 또 다른 주요 공급처인 C사의 협조가 반드시 필요했다. C사는 데이터 센터에 핵심 기기를 공급하는 회사로 데이터 센터 시설을 만들기 위해서는 참여가 필수적이었다.

　잘 진행될 것으로 믿었던 B사와 C사의 계약 협상에서 C사는 그들이 공급하는 서비스 부분에서 절대로 일정 금액 이상의 손해 배상 책임을 지지 않겠다는 입장을 내놨다. 프로젝트의 성공을 위해서는 C사의 지원이 꼭 필요했기에 B사는 어쩔 수 없이 그 조건에 합의 할 수밖에 없었다.

　성공적으로 끝나리라는 기대에도 불구하고 데이터 센터 시설은 나중에 큰 문제를 일으키게 되었다. 원인을 알아보니 C사에서 공급한 기기가 문제를 일으킨 것이었다. 이 문제로 인해 데이터 센터는 일정 기간 제대로 운영되지 않았고 A사는 상당한 피해를 입게 되었다. 이에 B사는 계약 내용에 따라 A사에 상당 금액의 배상 책임을 지게 되었고, C사 또한 B사를 상대로 일정 금액을 손해 배상했다.

문제는 그 금액의 차이였다. B사는 A사와의 계약에 따라 약 20억 원의 손해배상을 하게 되었는데, C사는 B사와의 계약에 따라 약 3천만 원의 손해배상만을 했다. 결국 B사는 약 19억7천만 원의 손실을 떠안게 되었다.

상기의 사례를 보면 전체적인 그림에서의 백투백 리스크 관리가 반드시 필요하다는 것을 알 수 있다. 막연한 기대감에 모든 공급업체들이 원하는 조건대로 계약 체결을 해 주리라 예상해서는 안 된다. 주요 기기나 부품을 공급하는 글로벌 규모의 회사들은 상대가 원하는 대로 워런티 Warranty 조건 혹은 손해 배상 조건을 들어 주고 있지 않다는 점을 잘 알고 있어야 한다. 당연히 발주사와 수주사간의 계약 협상은 매우 신중하게 진행되어야 한다. 주요 공급사의 조건이 반영된 조건으로 발주사와 수주사간의 계약이 이루어지도록 하거나, 발주사와 수주사간에 피할 수 없는 조건이 있다면 이는 위의 케이스처럼 C사에 이를 요구할 수 있어야 한다. 혹은 위의 B사처럼 중간에서 리스크를 안아야 하는 경우라면 이를 잘 알고 있어야 하고 이를 가격 조건 등에 반영 될 수 있도록 조치하거나, 추후의 손실에 대비해야 한다. 리스크에 대해 전체적인 모습을 이해하면서 각 당사자 간에 충분히 협의하여 조율해야 한다. 이에 대한 충분한 논의가 없다면 그 회사는 결국 리스크를 안고 가게 된다.

우리나라에서는 그간의 업력과 경험, 관계 등이 작용해 이런 일에 대해 크게 신경 쓸 필요가 없지만 해외에서는 문제가 되는 경우가 종종 발생한다. 특히 갑을 관계에 익숙한 국내회사의 경우 해외에 나가 을의 입장이 된 경우 협상력과 정보력의 부족으로 상당한 리스크를 떠안고, 갑의 입장에 서더라도 드센 해외 공급업체에 밀려 결국 리스크를 안고 가는 경우가 많다. 대개의 회사는 이를 어쩔 수 없는 일이라 치부할 때가 많지만 이에 대하여 명확히 알고 최소한의 조치라도 하는 회사와, 그냥 아무런 조치 없이 이를 받아들이고 운에 맡기는 회사와는 나중에 큰 차이가 난다.

이러한 점을 잘 이해하고 이에 대한 원칙을 세울 수 있어야 할 것이다.

여러 계약 당사자가 프로젝트에 참여하는 경우, 프로젝트에 착수하기 위해 협상을 하고 회의를 준비하는 단계에서는 먼저 리스크의 전반적인 사항들을 '백투백' 관점으로 관리해야 한다. '백투백'은 사업을 진행할 때 주계약자가 공급자와 발주자 간에 존재하는 모든 사항들, 특히 리스크와 관련된 사항들을 잘 파악해야 한다. 간단하게 계약 관계의 처음부터 끝까지 잘 살펴봐야 한다는 뜻이다.

우선 프로젝트 관리자는 프로젝트를 진행하기 전에 발주자(흔히 갑)와 수주자(흔히 을) 및 수주자를 위한 다수의 하부계약자가 존재한다는 것을 미리 이해해야 한다. 동네에 작은 빌라 하나를 짓더라도 집 주인이 될 갑과 이를 지어 주기로 한 건축업자 을, 이 을을 위해 참여하는 다수의 하부계약자들이 있기 마련이다. 좀 더 확대하자면, 예를 들어 전력 사정이 좋지 않은 인도의 어느 지역에 작은 화력 발전소 하나를 짓는 프로젝트를 가정해보자. 이 발전소를 지어 달라는 발주자인 인도 정부나 주정부가 있을 것이고 이를 지어 주겠다고 나서는 수주자인 발전소 건설업체가 있을 것이다. 이 발전소에는 발전기부터 시작해 각종 설비가 들어가야 하므로 발전소 건설업체가 다시 계약하는 많은 하부 계약자,

혹은 참여 업체들이 있을 것이다.

　프로젝트의 구조를 본다면 발주자와 수주자 그리고 수주자를 위한 다수의 공급자들이 있다. 혹은 다수의 수주자가 컨소시엄consortium, 공통의 목적을 위한 협회나 조합 형태로 계약하는 경우도 있다. 그런데 다수의 공급자 중 외국계 기업 혹은 주요 기업 중 수주자와 체결한 조건대로 공급계약을 하려 하지 않는 경우가 있을 수 있다. 이 때 수주자가 안고 있는 리스크와 해당 공급자가 책임지려 하지 않는 부분은 당연히 수주자의 리스크가 된다. 수주자는 이런 사실을 인지한 상태에서 리스크를 떠안아야 한다. 그렇다고 수주자가 안은 리스크를 모두 공급자에게 떠넘길 수도 없다. 수주자는 더 큰 리스크를 떠안음으로써 더 많은 수익과 전체 매출에 대한 혜택을 가져 갈 수 있다. 다만 리스크가 수주자가 누릴 혜택보다 훨씬 클지 아니면 적절하게 조화를 이루고 있는지를 잘 검토해 보아야 한다는 것이다.

　발주자의 입장에서도 수주자가 모든 책임을 떠안고 있다는 것에 대해 법적 책임 유무를 떠나 실제로 그러한 리스크가 안정적으로 관리되는 상황인지 항상 눈 여겨 보아야 한다. 만일 수주자에게 모든 법적 책임이 있다는 이유로 수주자와 공급자간의 리스크 공백에 대해 무시한다면 추후 실질적인 리스크를 발주자가 떠안게 될 가능성도 있다. 때문에 사업 관리자는 프로젝트를 시작할 때 적극적으로 참여해 큰 그림을 그리며 살펴봐야 한다. 모든 리스크들이 발주자, 수주자 및 기타 공급자들이 상호 균형을 이루면서 큰 공백 없이 진행할 수 있는지, 리스크 관리 및 이에 대한 법적 책임이 계약서상에 제대로 반영되어 있는지 등을 점검하는 것이다.

리스크는 계약에 참여한 모든 당사자에게 의미 있게 배분되어야 한다. 당사자 간 계약상의 리스크 배분이 있었다고 할지라도 형식적이거나 논리적인 배분으로 끝나서는 안 된다. 그렇게 했다가 어느 당사자가 리스크의 배분 과정에 참여하지 않으면 리스크가 실질적으로 관리되고 있다고 보기 어렵다. 다만 법적으로 누구에게 책임이 돌아갈 것인지만 쟁점으로 남게 된다.

리스크가 커서 수주자와 하부 계약자가 해결하기 어렵다면 발주자와 충분히 협의해야 한다. 수주자 입장에서도 하부 계약자는 리스크를 피하려 한다는 것에 대해 충분히 알고 대비할 수 있어야 한다.

대형 프로젝트의 계약 체결은 발주자, 수주자, 공급자 모두에게 복잡한 일이다. 수주자는 모든 공급계약의 주요한 부분들을 꼼꼼하게 검토해야 하며 발주자와 계약 시에 어떻게 반영할 것인지, 반대로 발주자가 요구하는 조건을 공급자들에게 어떻게 요구할 것인지를 전략적 협상 방안을 검토해야 한다.

대규모 프로젝트라면 모든 공급자들과 발주자들을 한자리에 불러 모아 상호 협상을 진행하면서 리스크가 상호 균형을 이루도록 조율하고 완벽한 계약 체계를 짜는 협상 전략이 필요할 것이다. 수주자가 공급자들과의 계약에서 부담스러운 리스크를 지게 된다면 프로젝트 내내 그리고 그 이후에도 프로젝트 자체의 리스크로 남을 수밖에 없을 것이다. 리스크가 현실화 되는 경우 수주자는 상당한 손실을 입게 된다.

이해관계자와
소통하라

프로젝트를 잘 관리하기 위해서는 해당 프로젝트와 관련된 이해관계자들과의 소통이 매우 중요하다. 하지만 안타깝게도 이러한 소통이 잘 이루어 지지 않는 경우가 많다. 프로젝트 관리자가 스스로 소통을 거부하거나, 문제가 생길 때 이를 감추고 싶어 하기 때문이다. 그럼 어떤 문제가 발생할까?

X건설회사는 1990년대 초반 신도시 건설 붐을 토대로 하여 현재까지 잘 운영 되어 오는 국내 건설 중심의 회사이다. 대체로 작은 아파트 공사를 중심으로 해왔기 때문에 아직까지 대기업처럼 규모가 아주 큰 건설회사는 아니나 내실을 다져가고 있는 중견 건설 회사이다.

X사 사내에는 여타 건설 회사처럼 최소한의 조직들이 잘 갖추어져 있다. 그러다 최근에는 해외 건설 프로젝트에 대해서도 관심을 가지게 되

었고 이를 기반으로 급성장을 할 수 있는 기회를 찾고 있다.

X건설 회사의 프로젝트 관리자 김 부장은 평소 말이 없고 자기 업무에 열중하는 타입이다. 김 부장은 X사가 생길 때부터 일해 왔고, 이 회사에 꼭 필요한 사람이며 회사로부터 신뢰를 받고 있다. 김 부장은 또한 내년 임원 승진을 앞두고 실적 관리를 잘 하려고 노력하고 있다. 김 부장의 최대 단점은 다른 부서들과의 소통이다. 혼자서 프로젝트를 관리하더라도 큰 무리가 없었기 때문에 다른 부서들과의 소통의 오히려 문제를 키운다고 생각했다.

그러던 차에 김 부장은 최근 새 프로젝트를 맡았다. 이 프로젝트는 겉으로 보기에는 복잡하지 않는 것처럼 보이나, 최신 기술 공법을 사용하고 설계가 여타 다른 프로젝트와는 다소 차이가 있는 것이었다. 프로젝트 규모는 약 500억 원 대로 회사의 규모와 비교했을 때 매우 중요한 프로젝트였다. 당연히 사장을 비롯하여 여러 임원들의 관심을 받고 있었다.

프로젝트 초반에는 순조롭게 진행되었다. 다른 프로젝트들처럼 공정이 늦어지지도 않고, 아무런 비용 증가도 없이 순조로워 보였다. 그러다 중반으로 갈수록 여러 가지 문제점들이 나타났다.

그럼에도 김 부장은 스스로 잘 마무리해 보고자 조직 내부에서 프로젝트 팀원들과 문제를 해결하고 있었다. 평소 다른 부서들과 교류가 별로 없었기에 부서들과의 협의가 문제 해결에 크게 도움이 되지 않는다고 생각하고 있었다. 그러던 와중에 문제들은 점점 커졌고 결국 상대방과의 법적인 문제로까지 번지게 되었다. 이렇게 문제가 커졌음에도 김 부장은 스스로 해결할 수 있으며 상대 회사와 잘 협의만 한다면 풀 수 있을 것이라 생각하고 경영진이나 주요 부서에도 이 문제를 보고하지 않았다. 자칫 잘못하면 본인의 능력 부족으로 문제가 발생한 것으로 오해하게 되어 임원 승진에 악영향을 미칠 수도 있겠다는 생각 때문이었다.

불행하게도 이 프로젝트의 문제들은 해결되지 않았다. 결국 이 문제는 상대 회사의 정식 클레임 제기로 회사 전체에 알려지게 되었고, 경영진은 즉시 관련 부서들을 소집해 문제 해결을 위한 절차에 들어갔다. 모든 부서들이 참여하고 경영진의 적극적인 개입으로 문제 해결을 위한 방향은 잡았지만 그간 많은 시간을 소모했고 금전적인 손해도 발생했다. 경영진은 김 부장이 일찍 문제를 보고하고 법무팀과 협의했다면 문제를 최소화하고 상대방 회사와의 법적 다툼에서 보다 유리한 자료를 확보할 수 있었다는 점을 알게 되었다. 결국 김 부장에게는 문책이 떨어졌다.

아무에게도 알리지 않고 혼자 해결하려 한 노력이 결국 더 큰 문제와 문책으로 돌아온 것이다. 회사입장에서도 제때 대처하지 못해 결국 큰 손실을 입게 되었다.

이처럼 문제를 해결하기 위해 혼자 그 문제를 끌어안고 있으면 문제를 더 키우게 된다. 이럴 때 조직에 도움을 줄 수 있는 전문팀이 있다면 적극적으로 도움을 요청할 필요가 있다. 프로젝트 관리자라면 관련 부서나 의사결정에 영향을 줄 수 있는 모든 사람을 잘 알고 있어야 하며, 이들과 가능한 좋은 관계를 유지하면서 소통해야 한다. 국내에서는 문제가 생기면 최대한 숨기는 것이 문제를 키우지 않는다고 생각하는 경우가 많으나, 외국 선진 기업의 경우에는 문제 발생 초반에 다양한 경로를 통해 보고가 된다.

문제를 덮어 주는 것보다 초기에 잘 해결할 수 있도록 주위에서 적극적으로 지원할 필요가 있다. 따라서 프로젝트 관리자는 어떤 문제에 대한 이해관계자들을 아주 밀접하게 잘 알고 있어야 하고, 필요한 정보들을 제때에 줄 수 있어야 한다. 그렇게 하지 않는다면 도움을 제대로 받지도 못할 뿐만 아니라, 조직 전체에 대해서도 큰 누를 끼치는 결과가 생길 수 있다.

그렇다면 기업 내 이러한 이해관계자들은 어떻게 소통하여야 할까?

프로젝트에서 어떤 문제의 결정과 관련해 이해관계와 영향을 줄 수 있는 사람들을 프로젝트 이해관계자라 한다. 외국회사들은 프로젝트 이해관계자들의 의견을 매우 중시하며, 문제의 해결을 위한 승인권자들의 매트릭스approval matrix를 작성해 이에 따른 의사 결정을 내린다. 관리자는 프로젝트에 본격적으로 들어가기 전에 조직 내에서 이해관계자들과 소통하면서 필요한 의사 결정을 해야 한다.

프로젝트를 진행하다 보면 많은 문제들과 부딪치게 되는데, 모든 문제들을 어느 특정 관리자가 독단적으로 결정할 수는 없다. 결국 많은 문제들이 그 문제와 관련된 프로젝트 이해관계자들과의 협의를 통해 결정된다. 이런 이유로 관리자는 프로젝트 수행 전후 다양한 부서와 밀접히 소통하면서 일할 필요가 있다. 밀접하게 소통해야 할 부서들과 이러한 부서들의 역할과 책임이 미리 정의되어 있다면 프로젝트 진행 도중과 프로젝트 진행 전후에 필요한 의사결정에서 신속한 대응을 기대할 수 있다. 따라서 프로젝트 관리자는 회사 내의 다양한 조직들이 문제에 대해 어떠한 이해관계를 가지고 있는지 알아둬야 한다.

다음은 일반적으로 주로 접하게 되는 이해관계 부서이다. 이해관계 부서는 회사마다 조금씩 다르며 아주 독특하게 운영하는 회사들도 있다. 아래에 열거된 부서와 역할은 일반적인 경우의 예를 든 것이다.

영업팀 Sales

해당 프로젝트를 마케팅하고 입찰과 수주과정에 참여하는 조직으로 해당 프로젝트의 위험성에 대해 관대하고 긍정적인 입장을 취한다. 계약 체결 이전 및 체결 단계까지 상대방 회사와 밀접하게 소통하면서 프로젝트에 대한 많은 정보를 갖고 있다. 영업팀은 대개 프로젝트 수주에 대한 실적 달성의 압박을 받고 있기 때문에 실적 달성을 위해 프로젝트를 지나치게 긍정적으로 해석하기도 한다.

영업팀이 상대방 회사와 어떤 시각에서 프로젝트에 대한 얘기들을 주고받았느냐에 따라 프로젝트 수행 과정이 수월하거나 어려워질 수 있다. 때로는 영업팀의 잘못된 영업 활동으로 프로젝트가 실패하거나 추후 있을 수 있는 소송 대립에서도 불리한 상황에 처할 수 있다.

반대로 영업팀은 상대방 회사와 가장 친밀한 관계를 유지하고 있기 때문에 프로젝트 도중에 발생할 수 있는 어려움을 쉽게 해결해주기도 한다.

품질보증팀 Quality Assurance

품질보증팀은 해당 프로젝트를 검토하고 이에 대한 성공 가능성 및 실패 요인들을 객관적으로 점검하고 해결점을 제시한다. 품질보증팀이 해당 프로젝트를 어떤 관점으로 보는가에 따라 프로젝트의 위험성이 축소되기도 하고 과장되기도 한다.

때문에 품질보증팀은 프로젝트의 기술적 리스크를 객관적으로 평가해야 한다. 관리자는 계약 체결 이전에 품질보증팀이 언급한 프로젝트의 위험성에 대해 면밀히 검토해야 하고, 프로젝트 도중에도 품질보증팀의 조언을 생각하며 프로젝트를 성공적으로 이끌어 가야 한다. 품질보증팀이 얼마나 역할을 잘 수행하는지에 따라 사업의 성공 여부가 판가름 날 수 있기 때문에 관리자는 품질보증팀이 리스크를 그대로 파악하고 이에 대한 관리 방법을 잘 찾을 수 있도록 해야 한다. 이렇게 해야 실제 프로젝트를 수행했을 때 수익을 창출할 수 있다.

만일 회사 규정상 품질보증팀의 승인이나 평가를 받아야 할 때에는 사전에 품질보증팀과 충분히 조율해 자신이 이끄는 프로젝트가 과소평가 되거나 리스크가 너무 커서 중간에 그만두게 되는 경우가 없도록 해야 한다.

법무Legal

법무팀은 프로젝트 및 계약 체결과 관련해 법적인 리스크를 검토하고 의견을 제시하는 일을 한다. 흔히 일이 틀어졌거나 상대방과 소송단계에 이를 정도로 문제가 심각해졌을 때 법무팀을 찾는다고 생각하지만, 프로젝트 관리자는 프로젝트 도중 발생 가능한 여러 가지 어려운 일들에 대해 필요한 경우 법무팀과 사전 협의해야 한다. 이를 통해 문제를 키우지 않고 조기에 잘 매듭지을 수 있도록 하는 게 중요하다.

법무팀과 유사한 조직으로는 계약 관리팀과 계약 협상팀이 있다. 법무팀도 품질보증팀과 마찬가지로 계약상에서 발생할 수 있는 문제들을 객관적으로 평가해야 한다. 지나치게 긍정적으로 검토한 나머지 간과해서는 안 될 리스크를 경시하는 경우 업무의 효용성에 가치를 잃게 된다. 최근 해외 프로젝트의 주요 손실 이유 중 하나는 해당 국가의 법규와 관련된 추가 비용의 부담이다. 프로젝트 관리자는 이런 문제를 간과해서는 안 된다.

각 국가마다 법규와 준수 정도compliance level가 모든 다르기 때문에 국내의 관행만 생각하면 큰 손실을 입을 수 있다. 따라서 전문 법무팀의 의견을 존중해야 하며 법무팀과 조기에 협의해 해당 법적 계약상의 리스크를 충분히 파악하도록 해야 한다. 그렇지 않은 경우 추후에 나타나는 여러 법적 리스크로 인해 설계, 계획 변경 등으로 인한 추가 비용부담을 안아야 한다.

구매팀Procurement

구매팀은 프로젝트의 성공적인 수행을 위해 필요한 인력과 물자를 공급하도록 도와준다. 구매팀의 구매 능력은 프로젝트 성공에 큰 영향을 준다. 여러 협력 업체들과 협업을 할 때는 구매계약과 관련된 제반 조건들이 매우 중요하다. 또한 문제 발생에 대해 책임 소재와 범위를 결정하게 되므로 구매팀의 역량은 프로젝트 전반에서 중요한 부분을 차지한다. 특히 대형 프로젝트 일수록 효율적이고 전략적으로 구매 계약을 체결해야 한다.

구매 경로와 전략에 따라 전체 사업의 수익성이 달라지기도 한다. 프로젝트 관리자는 구매팀이 효과적인 전략을 갖고 사업에 참여하도록 해야 한다. 때로는 전략적 구매 계획도 없이 사업에 참여했다가 큰 비중을 차지하는 구매 물품과 서비스용역 회사를 찾지 못해 낭패를 겪는 경우를 보게 된다. 이런 경우 중대한 계약 위반으로 이어져 손해배상과 더불어 자체적인 손실을 떠안게 된다.

경영진 Management

경영진은 흔히 긍정적인 보고를 받고 싶어 한다. 간혹 프로젝트 관리자들은 부족한 프로젝트에 대해 이른 시기에 보고하기 싫어하기도 한다. 그러나 때를 놓친 보고로 인해 적절한 지원을 받지 못하거나 더 큰 어려움을 겪을 수 있다. 때문에 프로젝트 관리자는 문제의 진위를 잘 파악해 필요한 보고를 해야 한다. 그래야 경영진으로부터 갖가지 지원을 적절하게 받을 수 있다.

관리자 스스로가 경영진 최고 수장일 수도 있고, 경영진의 일부일 수도 있다. 프로젝트 관리자는 자신을 따르는 경영진, 동료 경영진, 보고 대상으로서의 경영진과 밀접하고 전략적인 협의를 해야 한다. 그러고 나서 추진하고자 하는 사업의 수익성과 리스크가 균형 있게 분석돼 전략적인 의사결정으로 이어질 수 있도록 해야 한다.

불확실성이 클 때는 경영진 대부분이 새로운 사업이나 리스크가 큰 사업에는 소극적일 수밖에 없으므로 더욱 적극적인 커뮤니케이션이 필요하다.

프로젝트 수행팀 Deliver team

프로젝트를 실제로 수행하는 역할을 한다. 프로젝트의 성공과 실패

여부가 달려 있으므로 최상의 프로젝트 수행팀을 결성해 계약 내용대로 이끌어 프로젝트가 끝날 때까지 여러 가지 상황에 대처해야 한다.

때로는 상대방과의 잘못된 약속이나 계약 조건으로 인해 영업팀과 갈등을 겪기도 하며, 프로젝트 수행의 뒤늦은 참여로 인한 정보 부족 및 계약 협상 당시 의견 제시 부족으로 스스로 어려움을 자초하기도 한다.

협업과 소통

앞서 언급한 주요 조직과의 원활한 소통과 협업은 프로젝트 수행 과정에서 필요한 기본적인 지원을 받게 하고 트러블 프로젝트에서 발생한 문제를 원활하게 해결할 수 있도록 해준다. 특히, 프로젝트를 관리자 혼자 힘으로 수행하는 것이 아니기 때문에 협력 능력은 필수적인 역량 중 하나다. 따라서 가능한 밀접한 관련이 있는 부서들과 평소에도 좋은 관계를 유지하면서 사소한 내용이라도 시간이 날 때 마다 의견을 주고받는 노력이 필요하다.

의사결정 도구

외국기업이나 국내 대기업은 각 주제별 의사 결정을 위해서 업무 분장에 따른 사내 위임 전결 규정을 미리 구축해 두는 경우가 많다. 즉 업무의 성격에 따라 매번 누군가의 결정 또는 최고 책임자의 전적인 결정을 기대하는 것이 아니라, 미리 관련 부서들과 협의 내용을 잘 정리해 추후 발생하는 여러 문제에 효율적으로 대처하는 것이다.

현재 국내에서는 실무 결재라인에 있는 사람들이 모든 업무에 대해 의사를 결정하지만 외국기업에서는 업무별 의사결정권이 적용되는 경우가 많다. 아래표는 승인 전결표의 예시로 회사의 실정에 맞게 만들 수 있다.

이슈	승인부서	동의부서	참조부서
손해배상	영업조직임원	법무팀, PM	QA
지적재산권	법무팀	경영진	영업조직
기준이상의 지체배상금	경영진,프로젝트 관리자	수행조직	법무팀
프로젝트의 변경	프로젝트 관리자	영업조직임원	법무팀
기타 등등			

[표 5] 승인 전결표(Approval Matrix)

계약 규모별	전무	부사장	사장
1억 이하	X		
10억 이하	x	X	
100억 이하	x	X	
100억 이상	x	x	

[표 6] 계약 규모별 직급에 따라 모든 문제를 판단하고 결정하는 구조

주계약자 vs
부계약자

앞서 프로젝트의 백투백 관리에서 주계약자와 부계약자에 대해 설명한 바 있는데, 여기서는 주계약자에 대해 좀 더 강조하고자 한다. 최근 우리나라 건설 기업들은 해외 건설 현장에서 예전의 부계약자, 하도급자, 하부 계약자의 지위에서 벗어나, 주계약자로 전체적인 공사를 관장하는 경우가 많다. 주계약자의 지위는 전체 공사를 관장함으로써 더 많은 수익을 가져올 수 있고 더 많은 기회를 가질 수 있다는 장점이 있긴 하지만, 공사의 모든 책임을 진다는 측면에서 더 많은 손실을 떠안을 수 있는 자리이다.

Y 에너지국은 중동 Y 국가의 전력 생산과 관리를 총괄하는 부처이다. 이 Y 에너지국은 최근 대규모 발전시설을 짓기 위해 계획을 수립했고, 한국의 X 건설사가 해외 발전소 건설에 대해 많은 경력이 있지는 않

지만 이에 적절한 기술 및 역량을 보유하고 있다는 점을 알게 되었다. 게다가 X 건설사가 제시한 가격이 매우 매력적이었다. X 건설사를 주계약자로 하여 대규모 발전시설을 짓기로 결정한 Y에너지국은 보다 상세한 계약 협상을 요구했다. Y 에너지국 입장에서는 제때 이 시설을 짓는 것이 Y 국가의 산업과 국민들의 전력사용량에 도움이 되므로, 최대한 공사완료 일정을 맞추는 것이 중요하다고 생각했다.발주사인 Y 에너지국은 X 건설사와 대규모 발전소 건설에 대해 계약을 체결했고, 계약서 상에 프로젝트에 대한 모든 책임을 X 건설사가 지는 것으로 했기 때문에 만일 무슨 일이 생기더라도 큰 문제는 되지 않을 것이라 생각했다.

X 건설사는 프로젝트의 성공을 위해 여러 참여 회사들과의 부계약Sub-contract을 체결했다. 그러나 X 건설사는 여러 회사가 참여하는 계약에 경험이 많지 않아서 참여하는 모든 회사들이 제공하는 소규모 프로젝트 또는 제품들의 리스크를 꼼꼼하게 검토해 보지 않았다.

X 건설사는 이전에도 많은 해외 공사들을 성공적으로 수행해 왔지만 이처럼 주계약자로서 모든 책임을 지고 진행한 것은 사실상 처음이다. 그럼에도 불구하고 X 건설사가 이 프로젝트를 수주하기로 한 것은 최근의 해외 공사 프로젝트가 한 회사가 모든 책임을 지는 방식으로 진행되고 있고, X 건설사도 이러한 경향에 맞추지 않으면 도태될 것으로 염려했기 때문이다.

불행히도 문제가 나타났다. 몇몇 하부계약 회사들이 제공한 제품들에서 불량이 나타났다. X 건설사 입장에서는 믿고 신뢰한 회사들인데 문제가 생긴 것이다. 이 문제는 전체 공사 일정에 큰 차질을 줄 수 있었다. X 건설사는 전체 공사 일정이 늦춰지지 않도록 모든 노력을 다 했으나, 결국 프로젝트 전체의 일정은 틀어졌고 일정보다 1개월가량 늦게 끝냈다.

Y 에너지국은 X 건설사에 대해 이에 대한 책임을 묻지 않을 수 없었고, 계약서상에도 공사 지연에 대한 배상책임이 무겁게 명시되어 있었다. 더구나 X 건설사는 낮은 가격에 이 프로젝트를 수주했기 때문에 1개월간의 지연배상으로 큰 타격을 입게 되었다. X 건설사가 계약한 하부계약자들과의 계약서상에는 제품의 불량으로 인한 공사 전체의 지연배상에 대해서는 제대로 명시되어 있지도 않았고, 있더라도 그 금액이 매우 미약한 정도였다. 더구나 몇몇 회사는 배상능력도 없어 X 건설사로서는 배상금을 받아낼 수도 없었다.

결국 X 건설사는 이 프로젝트에 주계약자로 참여했으나 경험상의 미숙으로 제대로 리스크를 판단하지 못해, 기술적인 역량을 갖췄음에도 불구하고 손실을 입을 수밖에 없었다. 약 1개월간의 공사 지연에 대한 지연배상(혹은 지체배상)금은 지연배상율에 따라 다르나 일반적으로 전체 계약 금액의 5% 내외에 이르므로 X 건설사 입장에서는 상당히 부담이 되는 금액이었다고 생각된다.

위의 사례는 주계약자가 되어 전체 계약을 수주했으나 참여하는 부계약자들의 특성과 리스크를 제대로 파악하지 못해 결국에는 트러블 프로젝트가 되고 주계약자가 모든 법적인 책임을 떠안게 된 경우이다.

경우에 따라서는 주계약자가 법적 책임을 떠안을 능력이 없어 발주자도 리스크를 분담해야 하는 사례도 많다. 상기의 경우는 X 건설사가 약 1개월을 지연해서라도 전체 공사를 완공했으나, 해당 주계약자가 문제가 된 프로젝트를 제대로 관리하고 수습하지 못해 계약이 해지 되거나 아예 취소되는 사례도 있다. 그러한 경우에는 발주자도 동시에 큰 타격을 입게 된다.

리스크는 서로 관리해야 하는 것이지 누군가에게 떠넘기면 안 된다. 주계약자가 계약상의 상부구조에 자리를 잡고 있는 것은 하부 계약자를 관리하기 위해서만은 아니다. 주계약자는 관련된 프로젝트상의 모든 리스크를 이해하고 최선의 판단을 유지할 수 있어야 한다. 이런 능력이 부족하거나, 업무에 부담을 느낀다면 주계약자로서 역할을 처음부터 하지 않는 것이 더 나을 것이다.

발주자의 관점에서도 주계약자가 충분한 능력이 있으며 프로젝트의 전체를 관리할 수 있는지 완벽하게 파악해야 한다. 단순히 계약서상에 주계약자에게 모든 책임을 묻고 있다고 해서 리스크가 다 없어졌다고 생각해서는 안 될 것이다. 주계약자는 그 프로젝트 전체를 책임을 지고 부계약자 관리와 부계약자가 원인을 제공할 수 있는 리스크까지 이해하고 있어야 한다. 어떤 프로젝트든 혼자 힘으로 프로젝트를 수행하는 것은 불가능하다. 주로 글로벌 기업은 주계약자가 되고 규모가 작은 회사는 부계약자 또는 하도급계약자가 되어 프로젝트를 수행하는 경우가 많다. 회사에 따라서는 매출의 외형적 측면을 고려해 다소 위험이 따르더라도 주계약자의 역할을 수행하기도 하고, 리스크의 측면을 고려해 부계약자로 참여하는 경우도 있다.

프로젝트 준비 단계에서 주계약자는 부계약자들과의 계약에서 각각의 리스크뿐 아니라 발주자와의 계약에서 리스크들을 제대로 검토해 계약이 이루어지도록 해야 한다. 발주자도 주계약자와의 계약으로 모든 책임이 관리된다고 예상할 것이 아니라 주계약자가 부계약자들과의 리스크를 제대로 잘 관리하고 있는지도 확인해야 한다. 법적인 책임은 발주자와 주계약자에 있겠지만 주계약자가 법적 책임을 감당할 수 있는지도 잘 판단해야 하는 것이다.

만약 주계약자가 이런 능력이 없거나 부계약자와의 리스크를 제대로 파악하고 있지 않다면 주계약자는 물론 발주자도 리스크를 피해갈 수 없다. 따라서 프로젝트에 참여하는 모든 계약자들이 각각의 모든 리스크들을 제대로 알고 있으면서 계약서상에 명확하게 명시되었는지 잘 이해해야 한다. 또한 리스크를 잘 관리할 수 있는 회사들인지에 대해서도 상호간의 신뢰가 있어야 할 것이다.

법적인 책임만이 계약서상에 명시된다면 실질적으로는 리스크가 전혀 관리되지 않는 상황도 발생할 수 있다. 발주자는 수주자와의 계약으로 수주자가 모든 법적 책임을 지는 것으로 이해할 수도 있으나, 이는 논리상 법적 책임에 대한 부분에서만 맞는 이야기일 뿐, 실제 리스크가 생기는 것은 막지 못한다. 계약서상의 책임을 수주자에게 물을 수 있을 지라도 리스크 관리 측면에서는 실패한 셈이다. 결국 발주자도 리스크를 줄이기 위해서는 수주자가 얼마나 부계약자들을 잘 관리할 수 있는지, 어떤 부계약자들이 프로젝트에 참여하고 얼마나 리스크 관리에 충실 하고 있는지 잘 검토해야 한다. 수주 금액에만 욕심이 나서 리스크를 간과한다면 회사에 엄청난 재앙을 몰고 올 수 있다는 것을 명심해야 한다.

RFP 검토와
제안 준비

프로젝트가 구체화되는 초기 단계로 발주자에 의한 RFP^{Request For} ^{Proposal} 제시와 잠재적인 수주자들의 검토 및 제안이 있다. 프로젝트가 구체적으로 나타나기 때문에 이에 대한 업무 범위, 시간, 비용 등이 나오고, 리스크와 기회 또한 구체적으로 드러나게 된다.

프로젝트 관리자 입장에서 이 단계는 프로젝트의 성공 가능성을 높여 줄 수 있는 가장 좋은 단계이기도 하다. 이 단계에서 제대로 프로젝트를 관리할 수 있도록 제안을 한다면 추후 프로젝트를 실행하는 단계에서도 성공 가능성과 수익을 높일 수 있다. 그러나 이 단계에서 제대로 리스크를 감지하지 못하고 제안을 하거나, 제안내용이 프로젝트를 성공시키기에 너무나 많은 문제점을 담고 있다면 이 또한 문제가 될 것이다.

Ace 기업은 아직 10년 밖에 되지 않은 신생 플랜트 건설 기업이나, 그

간의 성공적인 영업으로 급신장한 회사이다. 이 회사는 영업력으로 상당한 프로젝트들을 수주했고 모두 성공적으로 수행하였다. 하지만 Ace 기업이 수주한 프로젝트들은 그다지 복잡하거나 고도의 기술이 요구되는 공사가 아니었다. 사실 다른 기업들도 마음만 먹으면 성공시킬 수 있는 정도의 프로젝트들이었다. 회사의 성공요인으로 보자면 프로젝트 수행 능력보다 영업력에 있었다고 해도 과언이 아니다. 그래서 인지 프로젝트의 수익성은 모두 낮았다. 모두 5% 미만으로 그럭저럭 수익이 나는 정도라고 보아야 할 것이다.

Ace 기업은 현재까지의 경험을 바탕으로 이제는 수익성이 좋고 난이도도 높은 프로젝트를 수주해 보고자 한다. 그런데 기회가 찾아 왔다.

국내 굴지의 Bro 대기업 회사는 최근 사내에 소규모 발전소를 짓고 싶어 한다. Bro 사는 가스를 활용한 화력 발전소가 적절할 것으로 생각하고, 소규모 발전소를 많이 지어 본 것은 아니나 경험이 있다고 판단해 Ace 사에 이를 맡겨 보기로 했다.

Ace 사는 Bro 사로부터 소규모 발전소에 대한 RFP를 받고 이를 검토하기 시작했다. 제안팀은 RFP 내용을 검토하면서 이 프로젝트가 아주 쉬운 프로젝트는 아니지만 그렇다고 어려운 프로젝트라는 생각도 하지 않았다. 그래서 이전의 경험을 바탕으로 즉시 제안 작업을 하기로 했다. 굳이 리스크 검토를 할 필요는 없다고 생각했다.

이전에 유사한 프로젝트를 수행한 경험이 있어서인지 담당 프로젝트 관리자는 준비팀에 속하지 못했다. 당장 프로젝트 관리자가 필요한 것은 아니었고, 현재 일이 없는 프로젝트 관리자도 없었기 때문에 프로젝트를 수행할 관리자가 참여하지 않은 상태에서 제안서를 준비하게 되었다. Ace 사의 제안팀은 Bro 사의 임원 및 담당자들과 협의를 진행하면서 Bro 사가 문제를 제기하고 반박을 할 때 마다, 그 반박을 무마시키기 위해 더 많은 추가 사항들을 무상이나 저가로 제공할 것을 약속했다. 얼마나 많은 수정이 Ace 사와 Bro 사의 담당자들 간에 이루어 졌는지는 아무도 몰랐다. 특히 계약 후에 프로젝트를 수행해야 하는 프로젝트 관리자가 아무 것도 몰랐다는 것이 가장 큰 문제였다.

제안팀은 이 소규모 발전소 건설 사업을 따내기 위해 다소 무리한 제안을 했다. Bro 사가 다른 회사에 기회를 주지 않도록 하기 위해 Ace 사는 빠른 시간 내에 제안서를 준비했다. Ace 사의 제안서에는 Bro 사가 만족하도록 다소 추상적이지만 과장된 성능표시와 추가적인 유지보수 서비스 부분들이 포함되었다. Bro 사는 Ace사의 이러한 제안 내용을 보고 자신들에게 불리한 사항은 없다고 판단하여 Ace사에 이 플랜트 공사를 맡기기로 했다. 물론 가격도 매력적이었다. 그러나 RFP상의 기술적인 요구사항이나 성능에 대한 요구사항들을 꼼꼼히 검토했다면 제안 내용을 그렇게 추상적으로 제시할 수 없었을 것이다.

Ace 사가 제시한 제안 내용을 바탕으로 계약 체결 후 소규모 발전소 건설이 시작되었고, Ace 사는 뜻하지 않은 여러 가지 난관에 봉착하게 되었다. 제안 당시의 화끈한(?) 내용들은 프로젝트 진행시에 모두 발목을 잡는 요인이 되었다. Bro 사의 관리자들은 Ace 사가 제안한 애매모호한 성능표시들을 모두 이행해줄 것을 요구했고, Ace 사의 프로젝트 관리자는 매번 어려운 상황에 놓이게 되었다. 제안서나 계약서에 애매한 사항들은 결국 RFP상의 내용을 토대로 해석이 이루어지자 Ace 사에 매우 불리하게 작용하였다. 특히 계약 전에 이루어진 Ace 사의 제안팀과 Bro 사의 담당자와 임원간의 구두 약속들로 인해 프로젝트 수행에 많은 제약과 추가 업무 부담이 생기게 되었다. 프로젝트 관리자로서는 매번 이러한 사항들에 대해 이슈를 제기 하기도 어려울 지경이었다.

결국 Ace 사는 이 프로젝트 수주에도 불구하고 RFP 검토와 이에 대한 리스크 분석을 안 한 엉성한 제안으로 인해 불리한 계약을 체결한 꼴이 되었고, 이 프로젝트로 인해 상당한 적자를 보게 된 Ace 사는 막대한 재정적 부담을 안게 되었다. 게다가 프로젝트 관리자가 알 수 없는 Ace 사 제안팀의 계약 외적인 약속들은 큰 지장과 부담으로 작용하게 되었다.

Ace 사의 제안팀 대부분은 이 계약 후, 상당한 보너스를 받고 타 회사로 이미 이직한 상태였다.

이 사례에서 보듯이, 가장 먼저 이루어져야 할 사항은 RFP검토와 이에 대한 분석이다. 분석을 바탕으로 제안이 이루어 지지 않는다면 제안 작업을 아무리 훌륭하게 하더라도 결국은 프로젝트 실패로 이어진다.

제대로 준비되지 않은 상태에서의 제안들은 추후 프로젝트 실행에 막대한 부담으로 작용한다. 제안은 물론 상대가 받아들일 수 있도록 매력적으로 작성되어야 하겠지만 무모하고 추상적인 제안 내용은 추후 계약협상이나, 프로젝트 실행에 큰 부담이 된다는 것을 알아야 한다.

또한 제안팀의 무분별하고 무책임한 구두 약속들은 프로젝트를 수행하는 시점에서 매우 큰 부담이 되고 부작용이 생기기 마련이다. 프로젝트를 수행해야 하는 프로젝트 관리자 입장에서는 매우 어려운 상황을 맞이할 수도 있다.

모든 프로젝트에는 리스크가 있으며 무리하게 제안한 추상적인 부분들은 결국 프로젝트 관리라는 측면에서는 많은 비용을 부담하게 한다. 그래서 RFP 단계이더라도 실행 단계의 프로젝트 관리자가 적극적으로 의사 결정에 참여해야 한다. 그렇지 않을 경우 영업 단계에서 가격을 중심으로 의사를 결정하고 핵심적인 수행 단계에 나타나는 리스크는 과소평가 받게 된다. 단지 제안서를 제출하고 수주를 받는 것이 일차적인 목표가 아니라, 프로젝트를 성공적으로 완수하고 재정적인 목적을 달성하는 것이 진정한 프로젝트의 성공이라는 것을 간과해서는 안 될 것이다.

RFP 검토와 제안의 원칙

RFP를 제대로 검토하고, 이를 기반으로 한 분석 결과를 놓고 프로젝트 수행에 참여할 프로젝트 관리자를 최대한 참여시킨 상태에서 제안서를 만들도록 하는 것이 프로젝트를 성공 시키는 초석이다. RFP 검토와 제안에도 몇 가지 원칙이 있다.

RFP는 발주자가 제안서를 요청하는 것을 뜻한다. 예를 들어 집을 지어줄 사람이나 업체를 찾거나, 대규모 공장이나 발전소를 지워줄 업체를 찾아 제안 요청을 하는 것으로 전체 프로젝트를 준비하는 과정에 속한다. RFP 검토 시점은 아직 제안을 하지도 않았고 계약도 체결하지 않은 상태다. 즉 프로젝트를 그려나갈 수 있는 기회가 많고 리스크도 줄일수 있는 단계이다. 이 단계에서 관리자는 리스크를 줄이기 위해 어떤 역할을 해야 하는지 고민해야 한다. 발주자는 해당 프로젝트에 대한 요구사항을 정의하고 각종 추가 조건들을 달아 수주자가 해당 프로젝트에 대해 어느 정도의 가격을 책정하고, 어떠한 방식으로 요구사항을 이행할지에 대해 제안하도록 요청한다. 이 과정에서 수주자는 해당 프로젝트를 수주하기 위해 때로는 좀 더 공격적인 제안을 하기도 한다.

프로젝트 관리자는 이 단계에서 무리한 제안 대신에 보다 현실적이고 창조적인 접근 방식으로 더 낮은 가격과 더 완성도가 높은 방법을 제시해야 한다. 이를 통해 성공가능성이 높은 프로젝트를 제안하는 것이다. 이를 밸류엔지니어링VE, Value Engineering이라 한다. 모든 제안은 상세하고 분명하게 계약 내용으로 표현해야 한다. 이 단계에서 영업 부서와 의견 충돌이 있을 수 있으므로 내부적으로 협의 과정을 거쳐 리스크를 최소화하는 방안을 도출해야 한다. 내부 의사결정과정에서도 결론이 나지 않는 사항들에 대해서는 제안단계더라도 최고의사결정권자의 결정을 받고 진행해야 한다. 그리고 절차를 통해 프로젝트와 관련된 주요 리스크들을 경영진이 잘 이해할 수 있도록 해야 한다. 그렇게 하지 않으면 추후 발생할 수 있는 여러 가지 문제점들이 경영진에게 사전 경고 없이 노출되는 결과를 초래할 수 있고 적절한 시점에 경영진으로부터 지원을 받지 못하는 불상사를 초래할 수도 있다.

때로는 수주를 받기 위해 무리하게 모든 사항들에 대해 긍정적인 면만을 보고 진행하는 경우가 있다. 이러한 상황에서는 경영진조차 부정적인 보고에 신경 쓰지 못하고 결국에는 여러 가격적인 요소들이 배제된 채로 적자 프로젝트를 낳게 된다.

RFP 단계에서 너무 서둘러 진행한 나머지 실제 프로젝트를 진행할 관리자와 충분한 상의 없이 제안서 작성에만 매달리다 보면 수행 단계에서 중요한 사항들이 무시될 수 있다. 예를 들면 공장을 짓기에 적합하지 않은 토양을 가진 땅이라는 것을 실제 수행관리자는 충분히 알 수 있었으나, 토양에 대한 문외한인 제안서 준비팀원들은 이 사실을 간과하고 제안을 준비할 수 있다. 이런 경우 어떤 일이 벌어질지는 보지 않아도 짐작할 수 있다.

RFP 단계에서 제안서 준비는 할 일이 많은 작업이다. 과거에 실패한 사업들의 경우 이 과정에서 실패 원인을 찾을 수 있었다는 것을 명심해야 한다. 가장 위험한 순간은 프로젝트를 수행하는 과정이 아니라, 제안서를 준비하는 과정에 있다.

RFP에 따라 제안서를 준비하고 제안 단계에 왔다면 모든 상황을 긍정적으로 생각하고 싶을 것이다. 제안 단계는 모든 리스크가 현실화 되고 누가 리스크를 안을 것인지 결정되는 중요한 시점이다. 이 단계에서 발주자와 수주자는 서로의 눈높이로 제안 내용을 검토하고 최종 의사결정을 해야 한다. 발주자는 제안 단계에서 질문을 하고 수주자는 최선을 다해 발주자에 맞추려고 한다. 이런 과정에서 서로 경쟁적으로 더 나은 제안을 할 수 있으며 발주자는 보다 나은 제안을 고민하게 된다. 제안 과정에서 치러야 할 비용이 너무 큰 제안이 있을 수도 있고 무리한 요청이 때로는 열정적인 모습으로 비춰질 수도 있으나 상호 간에 곤란하고 난처한 상황을 만들기도 한다. 더 나은 조건의 제안이 발주자에게만 유리한 것은 아니며, 실현 불가능한 제안으로 인해 프로젝트를 이끌어 나가기 어렵거나 수주자의 중도 포기로 인해 더 큰 곤란을 겪을 수 있다는 것을 이해해야 한다.

프로젝트 실행 과정에서 모든 사항들을 계약서 내용만으로 이해하기는 어렵다. 결국 계약 이전단계에서 여러 공식, 비공식적인 질의응답 과정을 통해 해당 프로젝트에 대해 보다 자세한 사항들을 이해할 수 있게 된다. 만일 제안 단계에 프로젝트를 수행할 관리자가 참여하지 않는다면 추후 프로젝트 진행 과정에서 프로젝트에 대한 오해나 상대방으로부터의 잘못된 요청을 수락할 수밖에 없는 상황을 만들 수 있다. 때문에 수주 단계의 담당자 및 관리자뿐 아니라, 실행 단계의 담당자 및 관리자는 반드시 제안 단계에 참여해 어떠한 질의와 응답이 오고 갔는지 등 전체적인 흐름을 파악해야 한다.

계약 개요서의
활용

대형 프로젝트 계약일수록 계약 내용은 복잡하다. 대부분 작은 글씨로 적혀 있고 50~100페이지 이상의 분량으로 구성되어 있다. 준비 단계에서 복잡한 프로젝트 계약서를 효율적으로 보려면 프로젝트에 대한 주요 계약 내용이 잘 정리된 계약 개요서term sheet를 활용하자.

김 부장은 최근 회사로부터 막중한 임무를 맡게 되었다. 김 부장이 속한 신뢰은행은 국내 3위의 은행이다. 신뢰은행은 최근 자사의 전산실 업무를 글로벌 IT 기업인 HM에 아웃소싱을 하기로 결정하고 김 부장에게 이 임무를 맡기기로 하였다. 김 부장은 사내 전산 업무를 약 20년간 수행하여왔다. 김 부장은 정들었던 전산실을 타IT기업에 아웃소싱 하는 것이 시원섭섭하기도 했다. 그러나 신뢰은행이 더 발전하는데 전산실을 좀 더 전문적으로 관리하는 것이 좋겠다는 것에는 적극적으로 동의

한다. 그래서인지 김 부장은 이 임무를 더욱 세심하고 철저하게 수행하기로 마음먹었다.

김 부장은 HM 사의 담당자들과 협의를 시작했고, 기술적인 문제들에 대해서는 모두 만족했다. 김 부장은 아웃소싱의 경우 계약 내용이 매우 중요하다는 것을 미리 알고 있었기에, HM 사에게 계약서를 보내달라고 요청했다. 며칠 후 김 부장은 HM 사로부터 200페이지가 넘는 계약서를 받고 아연실색하지 않을 수 없었다. 물론 이 계약서에 대해서는 은행의 법무팀에서 검토를 해 주겠지만, HM 사가 어떤 조건으로 아웃소싱 업무를 진행할지 사전에 확인하고 싶었다. 김 부장도 예전에 다른 계약서들을 많이 보아 왔지만 아웃소싱 계약서의 내용은 너무 분량도 많고 내용을 알기 어려웠다.

그러던 차에 김 부장은 HM 사의 최 부장과 저녁 식사를 하며 이런 문제를 넌지시 전달했다. 최 부장 또한 계약이나 법무 전문가는 아니었기 때문에 법무팀에 잘 아는 홍 변호사에게 이를 전달하며 도와 줄 방법을 구했다. 홍 변호사는 최 부장에게 이틀 안에 해결하겠다며 웃으며

최 부장님 안녕하십니까,

첨부 문서에 Term Sheet 이라는 제목의 파일이 있습니다.
한번 열어 보시고 신뢰은행 김 부장님께 전달해 주시기 바랍니다.

그런 오늘도 좋은 하루되시기 바랍니다.

홍 변호사 드림

답했다.

이틀 후 최 부장은 홍 변호사로부터 첨부 문서가 포함된 이메일을 받았다.

이 Term Sheet, 즉 계약 개요서는 200페이지가 넘는 HM 아웃소싱 계약 내용에 대해 약 3페이지 분량으로 무슨 업무가 포함되고, 계약기간은 어떠하고, 계약 금액은 얼마이며, 계약 조건의 내용은 어떠한지에 대하여 요약된 내용이다. 누가 보더라도 계약 조건의 중요한 부분을 일목요연하게 볼 수 있었다.

계약 개요서는 간단하게 말해서 계약 핵심 내용 요약본이다. 계약 개요서에는 프로젝트의 개요와 대략적인 가격이 포함되어 있어 상호 경영진과 주요 협상 팀원들, 협력 부서들(예를 들어, 영업, 프로젝트 관리자, 법무, QA, 재무 등) 모두에게 프로젝트의 내용을 이해하는 데 도움을 줄 것이다. 계약서 전체를 보면 오히려 프로젝트를 완벽하게 이해하기 어려울 수 있고 불필요한 오해가 생길 수 있으므로 이를 극복하는 데 계약 개요서를 활용한다.

예를 들어 대규모 프로젝트 계약서는 분량이 최소 1~200페이지나 그 이상에 달하는데 이런 계약서로 상대방에게 전체적인 그림을 '툭' 던지는 것은 어려운 일이다. 경영진들을 상대로 할 때는 특히 더 그렇다. 이때, 프로젝트의 주요 내용과 스케줄 및 주요 계약 조건들에 대해 잘 정리된 3~5페이지의 자료를 전달한다면 매우 유용하고 비교적 간편하게 계약의 전체 내용을 전달할 수 있다.

프로젝트 제목

프로젝트 개요 : 프로젝트 내용 간략하고 알기 쉽게 설명

가격 : 프로젝트의 전체 가격

주요 조항 :

    1. 손해배상 : 손해배상의 책임에 대한 내용 설명 ? 법무팀이 기재

    2. 대금지급: 전체 프로젝트의 대금 지급 일정, 방법, 세금 등

    3. 지적재산권 : 프로젝트와 관련된 모든 지적재산권에 대한 대략적인 설명

      – 법무팀이 기재

    4. 보증 조건 : 프로젝트에 대한 보증 책임

    5. 불가항력 조건: 상호간에 책임을 지지 않는 조건(자연재해 등)

    6. 지체배상금: 프로젝트가 지체될 경우 지게 될 책임

    7. 상호 연락처: 관련 부서 / 관계자 긴급 연락처

    8. 기타 법적인 사항들을 해당 부서와 협의해 기재

[Term Sheet: 계약 개요서 예시]

물론 이 계약개요서 자체는 효율적인 프로젝트 이해를 위한 것이기 때문에 전체 계약서를 대체할 수는 없다. 하지만 계약 개요서는 프로젝트를 성공적으로 이끄는 중요한 자료가 될 수 있다. 다음은 계약 개요서의 예이다.

리스크 배분이 아닌
리스크의 최소화

　프로젝트를 위한 계약을 진행하다 보면 리스크를 내가 떠안기 보다는 상대방에게 넘기고 싶어 하게 된다. 당연히 상대방도 이를 떠안기 싫어 할 것이므로 상대방과 리스크를 어떻게 적당히 배분할 것인지에 대해 협상을 시도하게 된다.

　이러한 협상과 논의는 반드시 필요하다. 그러나 리스크를 상호 배분하거나 상대방에게 떠넘기는 것은 리스크의 총량을 줄이는 방법이 아니다. 전체적인 리스크의 총량은 항상 같게 되고 다만 상대와 이를 적당히 분배하는 것이 된다. 프로젝트의 성공을 위해서는 리스크의 총량을 배분하는 것이 아니라, 총량을 최소화 하는 것이 중요하다.

　AI사는 최근 자사의 시스템이 너무 오래 되어 다시 새 시스템을 구축하기로 결정했다. 중요한 것은 무역업을 해오던 AI사가 그간 보관하고 있었던 영업자료와 해외 고객들의 자료 등 주요 자료들을 새 시스템에 누락 없이 이전해야 한다는 것이었다.

AI사는 적합한 파트너를 찾던 중 국내에서 오랫동안 문제없이 이러한 유형의 시스템 프로젝트를 성공적으로 수행해 온 Be사를 알게 되었다. AI사와 Be사는 이 시스템 구축 프로젝트에 대한 기술적인 협의를 마치고 큰 문제가 없다면 이 프로젝트를 진행하고자 했다.

하지만 문제는 계약 과정에서 나타났다. 발주사인 AI는 이 최신 시스템 구축 프로젝트가 잘 끝나더라도 만약 회사 데이터의 분실이 생기는 경우 막대한 손해를 입게 되므로 해당 데이터가 분실되는 경우 수주사인 Be사가 모든 책임을 부담하도록 하고자 했다.

그러나 Be사의 입장에서는 해당 프로젝트의 완성으로 충분하며 시스템상의 데이터 분실에 대한 책임을 지는 것은 부당하다고 생각했다. 이에 감정대립까지 가는 논쟁을 벌였으나, Be사는 결국 이 프로젝트를 수주하기 위해 AI사의 입장을 수용하게 되었다.

이 협상에서 AI사는 과연 안전할까? 계약 내용상으로는 Be사가 법적인 책임을 부담하게 되었을 뿐 시스템 자체에서의 데이터 분실에 대한 리스크는 사라지지 않고 있다. 계약서상으로야 AI사는 데이터 분실에 대한 책임을 질 이유가 없고, 만일의 경우에는 Be사에게 책임을 물을 수 있다. 하지만 그렇다 해도 분실된 자료를 모두 복구할 수 있을까?

계약과 상관없이 AI사의 데이터는 분실될 수 있다. Be사의 책임 여부를 떠나 데이터가 분실된다면 어떻게 복구할 것인가? 결국 이 프로젝트의 리스크는 사라지지도, 줄어들지도 않았다.

예를 들어 AI사와 Be사가 데이터를 동시에 백업하는 시스템을 구축하는 데 합의한다거나, 데이터의 중요성을 감안해 추가 비용이 들더라도 보완 시스템을 구축하는 방법 등이 리스크를 줄이는 방법이 될 것이다. 실제적인 리스크 관리에 대한 관심 없이 리스크를 수주자에게만 부담시키려는 협상은 리스크가 실제로 발생했을 때 큰 도움이 되지 않는다. 수주자 또한 막연하고 무책임한 접근으로 모든 책임은 내가 지겠다는 호언장담 방식은 리스크 관리에 도움이 안 된다.

리스크에 대한 계약상의 법적 책임을 논하다 보면 리스크의 실제 모습과 관리, 경감 방안에 대해 소홀하게 생각하는 경향이 있다. 하지만 리스크 그 자체는 변함이 없기 때문에 전체 리스크를 줄일 수 있는 당사자 간의 노력이 필요하다.

이러한 경우는 건설 산업에서도 흔히 볼 수 있다. 발전소 건설과 관련해 A발주자와 B건설사가 지체배상 조항에 대해 협상하는 경우를 예로 들어보자. A발주자 입장에서는 발전소가 일정대로 건설되는 것이 매우 중요하다. 자국의 산업과 국민의 편의에 큰 영향을 주기 때문이다. 일정대로 완공해 달라는 의미에서 B건설사에게 막대한 지체배상금을 물리는 계약을 맺었다고 하자. 이러한 조항은 물론 B건설사에 큰 압박이 되므로 B건설사는 지체배상금을 물지 않기 위해 매우 신중하게 공정관리를 할 것이다. 그러나 공사가 뜻대로 되지 않아 B건설사가 지연된 일 수만큼의 지체배상금을 물게 되었다고 하더라도 발주자는 과연 아무런 문제가 없을까? 계약서상의 지체배상금 조항을 통해 지체에 대한 책임을 B건설사에 전가했다 할지라도 A발주자는 그 책임에서 완전히 자유로울 수 없다. 더구나 이 지체배상금이 얼마인지는 프로젝트의 성공에 심리적인 압박은 주겠지만 리스크를 줄이는 데는 크게 작용하지 않는다.

오히려 이 경우 A와 B는 공사를 일정대로 진행하기 위해 서로 어떻게 협력을 해야 하는지 논의하는 것이 필요하다. B또한 실제로 공사가 일정대로 진행되려면 A가 어떤 협조를 해줘야 하는지, 어떤 전제조건이 필요한지를 A에게 알려주고 요구하는 것이 더 옳을 것이다. 그래야 프로젝트의 성공 가능성이 좀 더 높아지게 된다. A발주자도 B건설사에게 지체배상금을 물리기 위해 계약 협상을 하는 것은 아니기 때문에 서로가 책임을 전가하거나, 배분하는 것에 몰두하기 보다는 어떻게 하면 프로젝트를 더 성공적으로 완료할 것인지에 대하여 집중하는 것이 필요하다.

계약 협상 단계에서는 리스크 배분risk allocation 보다 리스크 최소화risk mitigation에 노력해야 한다. 잘못된 협상의 틀에 빠지게 되면 리스크를 줄여나가는 노력보다는 상대방에게 리스크에 대한 법적 책임을 떠안게 하거나 리스크를 떠안지 않으려고만 한다. 그러나 양쪽에서 리스크 자체를 줄이려 노력한다면 어느 일정 부분의 리스크는 분담해야 하겠지만 리스크의 발생 가능성은 줄어들게 된다. 거기에 자신이 분담하게 될 리스크를 최소화할 수 있는 대응방안을 지속적으로 찾는다면 성공 가능성은 더욱 높아진다. 이러한 경험이 지속적으로 쌓이면 프로젝트 리스크를 해결하는 방안을 더 효과적으로 찾을 수 있게 될 것이다.

현명한 협상가라면 전체적인 리스크 총량을 줄이는 협상 노력을 함께 해야 한다. 이는 상호간의 신뢰가 바탕이 되어야 가능하다.

리스크와
프로젝트 관리자

프로젝트 관리는 어떻게 보면 프로젝트에서 발생하는, 혹은 발생 가능한 모든 리스크를 최대한 줄이는 것이다. 리스크가 없는 프로젝트란 없다. 그래서 프로젝트를 수행한다는 것은 리스크를 관리한다는 의미이고, 프로젝트 관리자는 이 리스크를 관리하는 사람이라는 뜻이다.

Stro사의 최 사장은 지난 5년 전까지 아파트 분양 열기를 타고 꽤 괜찮은 수익을 거뒀다. 그는 이러한 자신감과 국내에서의 소형 발전소 건설 경험을 바탕으로 인도네시아의 소형 화력 발전소를 수주하려고 했다.

하지만 프로젝트 관리자인 강 이사는 아직 해외 공사를 해본 경험이 없고, 그런 해외 공사는 많은 리스크가 따를 것이라는 의견을 내면서 더 검토하자는 입장이었다.

최 사장은 성공이 눈앞인데 부정적인 소리를 한다며 강 이사를 멀리했다.

그러다 우연히 동종업계의 김 사장 얘기를 듣게 되었다. 무턱대고 필리핀의 수처리 공장 건설에 참여했다가, 뜻하지 않는 우기를 만나 주기기와 자재 조달에 어려움을 겪은 데다 현지 공무원에 대한 이해 부족으로 공사가 많이 늦어지는 통에 막대한 지체배상금과 추가 손실을 입어 현재 심각한 자금난을 겪고 있다는 것이었다.

이 소식을 들은 최 사장은 정신이 번쩍 들었다.

인도네시아 발전소 사업에 쓴 소리를 했던 강 이사를 비롯해 여러 임직원들을 불러 이 프로젝트에 대해 다시 논의하기 시작하였다. 임직원들은 이 프로젝트에 대한 리스크들을 하나씩 제시하면서 이에 대한 대응방안을 논의하기 시작했다.

최 사장도 가슴을 쓸어내리며 보다 좋은 방안을 마련하기 위해 직원들과 머리를 맞대었다.

위의 경우처럼, 정상적인 리스크 관리 활동은 때로 경영진에 의해 가로막히기도 한다. 이런 경영진들은 자신이 무슨 일을 기획하는 동안 리스크에 대한 얘기조차 꺼내지 못하게 하는 경우가 있다. 혹은 막연하게 좋은 일만 일어 날 것이라는 기대를 하는 경우도 있다.

경영진의 잘못된 마인드는 때로 임직원들의 정상적인 리스크 관리 활동을 저해 할 수 있다. 사장이 원한다는 심리적인 압박 때문에 이성적으로 리스크에 대해 지적하고 대응방안을 내기 보다는, 분위기에 눌려 올바른 의견을 내지 못하거나 혹은 왜곡된 의견을 제시하여 자신의 안전을 도모할 수 있다. 이러한 분위기가 팽배해지면 아무도 리스크에 대한 정상적인 의견을 제시하지 못하고, 심지어 리스크에 대한 생각조차 기피하게 될 수 있다.

이와는 반대로 리스크 관리 활동이 일단 정상적으로 가동하게 되면, 리스크 관리를 따로 해본 적이 없는 미숙한 조직이라도 금방 리스크 관리에 대한 지식과 노하우를 익히게 되고, 빠른 시간 안에 리스크 관리 조직, 활동, 프로세스를 정상화 시킬 수 있다. 바로 이 리스크 관리 활동을 정상화 시키는 것이 경영진이 해야 할 일이다.

만일 혼자서 조직을 이끌어 가고 있다면, 잘못된 인식과 관념으로 리스크를 정상적으로 보지 않고 자신이 선택한 건에 대해 긍정적인 기대만 가지고 있지는 않은지 스스로에게 물어보아야 할 것이다. 이와는 반대로 대응 가능한 리스크에 대해서도 너무 부정적으로 접근해 관리가 가능한 프로젝트임에도 포기하는 경우가 생기는 것은 아닌지 다시 한번 생각해 볼 필요가 있다.

프로젝트를 기획하거나, 계약을 체결하거나 혹은 수행하다 보면 수많은 문제와 예견하지 못한 리스크를 접하게 된다.

프로젝트 관리자가 기획 단계에서부터 관련 리스크를 분석하고 대응 방안을 마련하는 회의에 참여하지 못했다면 프로젝트 수행에 어려움을 겪고 실패할 가능성이 커진다. 초기 단계부터 참여해 리스크를 예상하고 대응 방안을 마련했다 하더라도 실제 리스크가 현실화된 상황에서는 제대로 대응하지 못할 수도 있다.

어떻게 보면 프로젝트 관리자의 역할 중 이러한 리스크 대응 능력이 가장 중요하다고 볼 수도 있다. 리스크 대응 능력이 곧 프로젝트의 성패와 수익으로 곧바로 이어지기 때문이다. 리스크 대응에 철저히 준비되었거나 그러한 리스크 상황의 대응에 성공한 경험이 있는 프로젝트 관리자라면 프로젝트의 일상적 관리 뿐 아니라 예상, 혹은 예상 하지 못한 리스크를 적절히 대응하여 이에 따른 손실을 최소화 할 수도 있다.

일반적으로 알려진 리스크 관리 방법은 그렇다면 무엇이고 이에 대한 대응 방법은 어떠한 것이 있는가?

리스크 관리를 위해서는 우선 전체 프로젝트의 맥락을 판단하고 분석해야 한다. 즉 무엇을 하는 프로젝트이고 그에 따른 프로젝트의 성격이 어떠한 것인지를 아는 것이 중요하다. 그리고 나서 그 프로젝트에 대한 리스크를 나열해 봐야 한다.

예를 들어 해외 건설 공사를 할 경우, 그 나라의 기후, 관습, 정치상황, 경제 상황들이 일련의 리스크가 될 수 있다. 그 다음은 나열된 리스크들을 평가하여 그에 따른 중요도를 평가해야 한다. 중요도는 다음과 같은 간단한 공식을 사용하는 것이 일반적이다.

리스크 중요도 = 리스크에 따른 영향 × 리스크 발생 빈도

해외 건설 프로젝트의 경우, 그 지역의 기후가 매우 변화무쌍하고 우기를 예측하기 어렵다면 공사에 막대한 지장을 초래할 수 있으므로 해당 리스크의 영향은 5 단위로 나눴을 때, 4 혹은 5가 될 것이다. 그러나 그런 기후 현상이 거의 나타나지 않는다고 하면, 리스크 발생 빈도는

1~2 정도가 될 수 있을 것이다. 이와 같은 수치가 실제로 정밀한 값을 요구할 경우에는 그 기준을 명확히 하고 더 많은 데이터를 수집해 보다 정확하게 예측해 볼 수 있을 것이다.

같은 방법으로 예상 되는 모든 리스크들에 대한 중요도의 값을 구해 볼 수 있다.

그 다음은 중요도가 높은 리스크 항목별로 대응 방안을 마련하는 것이다. 대응 방안은 일반적으로 리스크의 수용accept, 회피avoid, 경감 mitigate, 전가transfer, 분할allocate이 있다.

리스크 대응 방안이 나오면, 이 방안에 맞는 구체적인 방법을 찾아 이를 실행에 옮기게 된다. 그리고 그 방법들이 실제로 효과가 있는지를 계속 판단한다.

프로젝트 관리자는 이러한 리스크 관리 활동을 일상적으로 수행하면서 예측하지 못한 리스크들을 발견해 내고, 대응 방안이 적절하지 않은 경우 이를 수정해야 한다.

프로젝트 관리자의 리스크 관리 활동에 대한 기록은 차후 유사한 프로젝트에서 크게 도움이 되는 자료가 될 수 있다. 만약 일상적인 프로젝트 관리 활동이 프로젝트 구성원에 의하여 이루어진다면, 중요한 리스크에 대한 프로젝트 관리 활동은 프로젝트 관리자가 책임지고 수행하여야 한다.

프로젝트 관리자는 그 프로젝트에 대해 어떤 리스크 요인들이 있고, 이러한 리스크들의 중요도는 어떠한지, 그리고 그에 따른 대응 방법은 무엇이 있을 것인지 미리 확인해야 한다. 이것이 바로 프로젝트 관리자의 최우선 임무이다.

계약 협상 단계에도
뛰어들자

프로젝트 관리자는 대개 기술 전문가이거나 엔지니어인 경우가 많다. 그래서 기술적인 문제에 대해서는 관심도 많고 적극적이나, 법적인 문제나 계약상의 문제에 대해서는 소극적이거나 타부서의 일로 생각하려는 경향이 있다. 그러나 프로젝트 관리자는 전체 프로젝트의 성공을 책임지는 사람으로 계약 문제에도 보다 적극적으로 임해야 한다.

흔히들 손해배상조건과 지체배상금조건은 법무팀에서 처리하는 조건으로 알고 있다. 그러므로 프로젝트 관리자 조직에서는 이에 대해 쉽게 관여하지 않으려고 한다.

하나기업의 프로젝트 관리자인 김 과장은 물류 구축 프로젝트 전문가이다. 김 과장은 물류 시스템에 대해서는 원리와 최신 기술에도 해박한 지식을 가지고 있는 엔지니어 출신이다. 그런 김 과장이 보기에는 늘

계약 내용이 불만족스럽다. 하나기업의 입장에서 보면 불리한 조건들이 너무 많다. 그럼에도 불구하고 김 과장은 계약상의 내용에 대하여는 깊이 관여하고 싶어 하지 않는다. 엔지니어 출신이라 그런지, 작은 문자로 가득한 계약서 내용을 보기만 해도 어지럽고 자신이 잘 알 수 없는 영역 같아서 이다.

하나기업의 법무팀은 프로젝트 관리자들과 소통을 잘 하고 있지 않다. 하나기업의 이 과장 또한 법무팀에서 5년을 일했으나, 프로젝트의 내용에 대해서는 깊이 있게 알지 못한다.

이번에 새로 시작한 K철강회사 물류 구축 프로젝트에서도 철강 회사에서 보내온 계약 초안에 대해서는 법무팀 이 과장 혼자 조건들을 검토하고 있다. 이 과장은 프로젝트의 내용을 완벽하게 이해하지는 못해도 무슨 일을 하는 지 정도는 잘 알고 있다. 이 계약을 처리하면서도 굳이 프로젝트 팀의 김 과장을 만나고 싶지는 않다. 서로 영역도 다르고 김 과장도 계약조건에 대하여 잘 알려고 하지 않기 때문이다.

이번 계약에서는 프로젝트가 실패할 경우에 대한 손해배상조건이 문제가 되었다. 법무팀 이 과장은 혼자 상대방 회사와 손해배상조건과 관련된 협상을 진행하게 되었다. 이 과장은 K철강회사와 협상 끝에 손해배상조건을 양보 받는 대신 지체배상금 조건에 대하여 K철강회사의 의견을 대폭 수용하여 상대방 회사와 협상을 완료했다. 이 과장의 생각으로는 이 프로젝트 수행에 실패할 경우 막대한 손해배상금을 물어야 했기에, 손해배상조건 만큼은 최대한 하나기업에 유리하게 해야 한다고 생각했다.

하지만 프로젝트 관리자는 이 물류시스템 구축 프로젝트를 K철강회사와 구축할 경우 실패할 위험은 낮으나, 대신 지체될 가능성은 매우 큰 것으로 알게 되었다. 결국 이 프로젝트는 프로젝트 관리자의 예상대로 약 45일 지연되어 완성되었고, 해당 지체배상금조건에 따라 상대방에 지체배상금을 물게 되었다.

지체배상금 조건은 K철강회사의 요구대로 지체일수에 대하여 일 수 당 계약금액의 0.4%를 지급해야 했기 때문에 45일 지연에 대한 지체배 상금은 매우 컸다.

법무팀의 이 과장과 프로젝트 관리자인 김 과장은 이익이 나는 프로 젝트로 알고 있었으나, 순간의 잘못된 판단으로 전체 계약 금액 대비 약 10% 이상의 손실을 보게 된 셈이다.

만일 프로젝트 관리자가 이 프로젝트의 내용을 잘 알 고 있고 협상에 직,간접적으로 참여했다면 지체배상금조건을 걸고 협상하지는 않았을 것이다. 법무팀의 입장에서 그다지 어렵지 않게 본 부분이 결과적으로 큰 손실을 가져다 준 것이다. 법무팀 또는 변호사는 계약 조건이 법적으 로 어떤 의미를 주는지에 대해 설명해 줄 수는 있겠지만, 프로젝트 관리 자는 이런 조건들이 프로젝트에 어떤 영향을 줄 수 있는지 법무팀, 변호 사와 상의하면서 구체적으로 리스크를 알고 있어야 한다.

계약 협상 단계는 프로젝트에 대한 계약상의 조건을 어떻게 정할지에 대해 상호 의견을 조율하고 상호 간의 이해관계를 확인하는 과정이다. 때로는 쉽게 마무리되기도 하지만 시간이 걸리기도 한다. 이 단계부터 프로젝트 관리자가 리스크를 관리할 수 있도록 해야 한다. 프로젝트를 위한 계약서는 크게 두 부분으로 나뉜다. 계약서상의 주요 조건들이 명시된 마스터 부분과 작업명세서^{SOW, Statement of Work}부분이다. 계약의 주요 조건이 있는 마스터 부분에 대한 계약 협상은 주로 두 회사의 법무팀의 검토에 이루어지는 경우가 많다.

대부분의 프로젝트 관리자들은 기술적인 작업 명세서에만 집중하는 경향이 있다. 그들은 실제 작업을 수행하는 부분을 제외하고 계약 일반 조건이나 특수 조건에 대해서는 관여하지 않아도 된다는 생각을 한다. 이 때문에 적절한 리스크 분석을 통한 협상이 원활하게 이루어지지 않는 편이다. 보통 작업 명세서에 나온 분야들은 프로젝트 관리자가 프로젝트를 진행할 때 직접적으로 연관되어 있기 때문에 적극적으로 합의를 이끌어 내는 경우가 많다. 그러나 일반적인 계약 조건에 대해서는 법적인 내용으로만 생각하는 경향이 있어 프로젝트 관리자가 소극적인 태도를 보이거나 도외시 할 수도 있다.

다음은 프로젝트 관리자들이 신경 써야 할 일반적인 계약 조건들이다. 자주 협상 테이블에 올라올 수 있는 주제들이며 경우에 따라 달라질 수는 있다.

- 손해배상조항
- 지적재산권조항
- 지체 배상금(또는 보상금)조항
- 보증 및 하자담보책임조항
- 기밀정보조항
- 대금지급조건
- 계약 변경 합의사항

위 사항들은 프로젝트 수행 중 또는 이후에 상호 영향을 줄 수 있고 때로는 프로젝트와 사업 자체에도 영향을 주게 된다. 단순히 법적인 조건들로 끝나는 영역이 아니다. 물론 프로젝트 관리자에게는 조금 생소한 준거법을 비롯해 각종 법규의 준수와 관련된 부분이 있을 수도 있다. 하지만 대부분 첨예하게 서로 대립할 수 있는 조건들이기 때문에 프로젝트 관리자도 반드시 이 내용과 의미를 알고 있어야 한다.

만약 지적재산권 조항이 법무팀 간의 치열한 협상으로 인해 다소 복잡한 조항으로 마무리 되고, 프로젝트 관리자가 이를 이해하지 못한 채로 계약이 체결된 경우 회사의 지적재산권에 좋지 않은 영향을 미칠 수 있다. 또한 프로젝트 관리자의 기술에 대한 정확한 이해가 없는 지적재산권 조항이라면 실효성이 없을 수도 있다. 때문에 프로젝트 관리자는 계약 협상 과정에 참여해 법적인 조항들이 실제 프로젝트에서 어떻게 작용할 수 있는지 법무팀 혹은 변호사에게 조언해야 한다. 그래야만 실제 프로젝트 수행 과정에서 실수 없이 상호 원만하게 협상을 진행할 수 있게 된다.

안 좋은 또 하나의 예로 지체배상조항을 상호 법무팀 간의 협상으로만 풀게 하는 경우가 있다. 프로젝트의 특수성이나, 난이도, 일정의 지연 가능성 정도를 배제하고 법무팀 간의 협상력에 의존해 풀게 되는 경우 프로젝트 진행 과정에서 부담이 되는 계약 조건이 생길 수 있고 서로 불편한 상황을 만들 수도 있다. 때로는 지체배상금을 지급받는 것이 회사 간의 장기적인 거래 관점에서 좋지 않을 수 있다. 지체배상금 조항이 있는 경우 발주자는 이 조항을 적용해 상대방에게 지체배상금의 지급을 요청할 것이고, 이 경우 수주자는 금전적인 손실 이외에도 상대방과의 관계 형성에서 좋지 않은 영향을 받게 된다. 즉, 발주자 입장에서도 난감한 상황이 초래 되는 것이다.

따라서 프로젝트 관리자는 계약 협상 단계에서 어떤 내용들이 어떤 조건으로 거론되는지 분명히 알고 적극적으로 살펴야한다. 단지 법무 또는 영업부서의 일로 맡기게 되면 그 부서들은 자신들의 영역에서 처리할 문제들만 보기 때문에 추후 프로젝트를 담당한 프로젝트 관리자의 관점에서 보는 중요한 문제들은 간과되기 싶다. 또한 영업, 법무담당자는 프로젝트 전문 지식인들이 아닐 수도 있고 프로젝트 각 각의 상호 특수성이 있기 때문에 서로 다른 프로젝트 상황을 정확하게 이해하기가 어려울 수 있다. 즉 그들만의 판단으로 계약 협상을 진행하게 된다면 프로젝트를 단순히 이론적으로만 판단해서 잘못된 결과로 도출될 수 있다.

그렇다면 프로젝트 관리자들은 어떠한 방식으로 계약 협상 과정에 참여할 수 있을까? 가장 좋은 방법은 프로젝트 관리자가 계약 협상 과정에 간접적으로라도 참여할 수 있도록 협상 프로세스가 정립되는 것이다. 프로젝트 관리자는 계약 협상 과정에 참여해 어떤 방식으로든 의견을 반영하는 것이 좋다. 구체적으로 각 조건들에 대해 프로젝트 관리자가 의견을 제시하는 것이 가장 중요하다. 또한 중요한 조건에 대한 동의, 승인 과정에 참여할 수 있어야 한다. 만일 이런 프로세스가 정립되기 어렵다면 조직의 최고 책임자 및 경영진에서 적극적으로 지원을 해야 한다.

제4장

착수

| 핵심요약 |

* 착수 단계에서는 계약 조건을 분명하고 정확하게 제시하고, 꼼꼼하게 검토해야 한다.

* 프로젝트와 관련된 모든 실무 책임자들의 역할을 명확하게 나눈다.

* 발주사와 수주사 모두 프로젝트에 대한 객관적이고 균형 있는 기대를 가진다.

성공과 실패의 순간,
계약 체결

최근 글로벌 건설 프로젝트를 보면 그 규모가 커지고 복잡성 및 통합성으로 인해 우리 건설 기업이 부담해야할 업무 범위, 책임 범위가 갈수록 커지고 있다. 그런 와중에 저가 수주 혹은 잘못된 계약 체결로 기업이 감당하기 힘든 손실을 떠안는 경우가 계속 발생하고 있다. 그 중에서도 계약 체결에서의 문제로 인해 프로젝트 관리를 아무리 열심히 하더라도 결국 프로젝트가 성공하지 못하거나, 결과적으로 성공하더라도 수익이 거의 나지 않거나 손실을 보게 되는 경우가 있다.

국내 굴지의 K건설사의 김 전무는 요새 실적 때문에 고민이 많다. 내심 부사장 승진을 기대하고 있었지만 실적이 발목을 잡았기 때문이다. 그리고 최근 부진한 실적의 원인이 자신의 잘못이라기보다 국제무대에서의 치열한 경쟁에 있다고 생각한다. 치열한 경쟁에서 이기려면 우선 계약을 따고 봐야한다는 것이 김 전무의 생각이다. 김 전무는 최근 Y국가의 전력청과 대규모 발전소 건설 사업에 매진하고 있다. 가격 협상도 거의 마무리가 되고 계약 체결만 앞둔 상황이다. Y국 전력청은 계약 조건이 까다롭기로 악명이 높다. 주변국들이 제시하는 계약 조건에 비해 수주사의 입장에서 불리한 조건들이 더 많다. 게다가 현재 청장을 맡고 있는 사람이 더 깐깐한 사람이라 계약 체결 과정이 쉽지 않을 전망이다.

김 전무는 사실 계약 규모가 대략 1조 5천억 규모에 달하는 이번 계약에 올인한 상황이다. 그러나 매우 불리한 계약 조건이 마음에 걸린다. 예를 들어 지체배상금이 총 공사금액의 20% 한도이며, 지체배상금율도 평균보다 약 50%나 더 높을 전망이다. 이 사업을 따 내기 위해 공기도 약 15% 이상 단축하겠다고 약속해 놓은 터라 이대로 계약을 해서 공사를 진행하더라도 약 5% 손실이 예상된다. 회사에는 약 10% 이상의 이익이 날 것이라고 보고한 상태다. 그러나 어차피 계약이 되지 않으면 승진도 멀어질 것이고 또한 회사를 더 이상 다닐 처지가 안 될 수도 있다는 생각에 일단 계약을 체결하는 것이 우선이라고 생각하게 되었다.

김 전무는 급한 마음에 계약 협상팀에 압력을 행사해 더 빨리 계약 협상을 끝내라고 지시했다. 호통을 치며 계약 체결이 더뎌지면 모든 책임은 협상팀에서 져야 할 것이라고 협박도 불사하였다. 불리한 몇 가지 조항들을 Y국 전력청이 요구한대로 들어 주라는 것은 물론이고, 작업명세서상의 합의하기 어려운 부분은 프로젝트를 진행하며 상호 합의하는 것으로 계약서에 명시하라고 요청했다.

계약 협상팀은 평소 김 전무의 성격도 잘 알거니와, 계약 체결이 지연되거나 혹은 최악의 경우 계약이 되지 않을 경우 자신들에게 미칠 보복

이 두려웠다. 협상팀은 결국 대부분의 조건을 Y국 전력청 협상팀에 양보하거나 합의가 어려운 사항들은 조건들을 불분명하게 처리해 계약 협상을 빨리 마무리했다.

이 계약 체결을 통해 김 전무는 원하는 대로 좋은 실적을 쌓을 수 있게 되는 것처럼 보였다. 프로젝트는 모두의 박수 속에 시작되었다. 협상팀도 계약 체결이 무사히 끝나 안도의 한숨을 쉴 수 있었다.

하지만 프로젝트가 진행될수록 명확하게 명시되지 않은 작업 명세서로 인해 양 당사자가 자주 논쟁을 하게 되었고, 결국 대부분의 경우 Y국 전력청의 의도를 반영하는 사례가 늘어났다.

이로 인해 계약을 체결할 때는 생각하지 못했던 비용들이 추가되었고 늘어난 작업량으로 프로젝트 기간 또한 지연되었다. 결국 K건설사는 부실한 계약 체결과 불리한 지체배상금 조건으로 인해 김 전무가 예상했던 5% 손실이 아닌 약 25%의 손실을 입게 되었다. 한 프로젝트에서 약 4천억 대의 손실이 나게 된 것이다. K건설 입장에서는 감당하기 힘든 손실이었다.

마침내 K건설 감사팀은 이 프로젝트의 실패가 단순 실수 때문이 아니라 보다 근본적인 문제가 있다고 보고 이 계약 전반에 대한 감사에 착수했다.

자신과 팀, 혹은 회사가 실적에 쫓기게 되면 유혹에 빠지게 된다. 모든 회사들이 겪는 부실 계약의 유혹이다. 계약서에 사인하는 순간에는 모든 이의 박수를 받게 되고, 계약에 공헌한 임원은 실적을 인정받고 승진이나 수당을 받거나 최소한 회사나 조직 내에서 유능하다는 평가를 받는다. 그래서 이 경우처럼 계약 체결이 급한 나머지 대략적인 내용만으로 계약하는 경우가 종종 있다. 이런 경우 추후 분쟁이 발생할 가능성이 크며, 프로젝트 비용의 증가로 수주자가 큰 손실을 입을 수 있다.

분쟁은 또 프로젝트 지연으로 이어져 발주자에 대한 신뢰를 잃을 수 있다는 점을 명심해야 한다.

계약 체결 단계에서 유의할 사항들을 좀 더 자세히 알아보자. 계약 체결 단계에서는 리스크를 명확히 이해하고 프로젝트 수익을 구체화해야 한다. 그래야 좋은 결과로 이어진다. 프로젝트의 성공은 프로젝트가 마무리 되는 시점에만 알 수 있는 것이 아니라 체결된 계약의 내용으로도 미루어 짐작이 가능하다. 계약서로 성공 프로젝트를 점쳐 볼 수 있는 것이다.

프로젝트의 성공 여부는 프로젝트가 거의 2/3 수준에 도달했을 때 어느 정도 짐작할 수 있다. 그렇지만 소위 문제가 있는 프로젝트는 계약 체결 단계에서 어느 정도 예측이 가능하다. 문제가 예상되는 프로젝트의 계약서는 다음과 같은 특징을 보인다.

- **불명확한 작업 명세서** 무슨 일을 해야 하는지 명확하지 않기 때문에 의견 충돌과 마찰이 빈번해 진다. 최악의 경우 프로젝트를 수주한 프로젝트 관리자조차 어떻게 해야 하는지 우왕좌왕할 수가 있다. 이는 서둘러 계약을 체결하느라 프로젝트 내용이나 상세한 업무에 대해 정확히 정하지 않았기 때문이다.

- **불분명한 상호 간의 의무** 수주자의 의무만 기술되어 있고 발주자의 의무나 협조 사항에 대해 전혀 언급되어 있지 않은 경우다. 이렇게 되면 수주자는 발주자의 협조나 계약 이행에 필요한 갖가지 지원을 발주자로부터 받지 못할 수 있다. 이에 따라 프로젝트 진행에서 큰 어려움을 겪게 된다. 대개 상호 간의 책임 공방에 휩싸여 상호 소송 등의 분쟁으로 이어지기도 한다.

- **무리한 요구사항** 성공 가능성이 높은 프로젝트는 상호 합의된 수준의 업무와 적정한 가격으로 진행된다. 계약서상에 최고의 성능이나 무리한 목표만을 설정하고 있다면 수주자 입장에서는 수행하기 어렵고, 발주자 입장에서도 검수(작업 완료에 대한 인정)를 어렵게 만드는 요인이 된다. 예를 들어 어떤 오류도 없는 시스템을 구축하거나 업계 최고의 기술을 구현하겠다는 내용을 기술하는 것은 계약 당시 발주자에게는 좋아 보일지 모르나 프로젝트 완성 시점에서는 상호 간에 부담이 되고, 법적 책임으로 번질 수 있다는 점을 간과해서는 안 된다.

행복한 계약 체결의 순간이 나중에 안 좋은 결과로 변하는 프로젝트를 주변에서 흔히 볼 수 있다. 계약 체결 당시에는 서로 어렵더라도 가능한 분명하고 정확한 의무를 명시할 수 있도록 해야 할 것이다.

계약 체결 시 프로젝트 관리자의 역할
계약 체결의 순간 프로젝트 관리자는 어떤 역할을 할 수 있을까? 계약 협상에 적극적으로 참여하여 내부적으로 의견을 개진할 수도 있을 것이다. 하지만 계약 이전 단계에서 프로젝트 관리자의 검토와 승인 절차가 전혀 이루어 지지 않고 계약 체결이 진행된다면, 이는 브레이크 없는 자동차를 달리게 하는 것과 같다.

　태평기업 프로젝트 관리자인 강 차장은 이전의 프로젝트를 끝내고 일 주일도 되지 않아 다른 프로젝트에 관리자로 임명되었다. 쉬고 싶은 마음도 있었으나 요즘 회사 사정이 좋지 않고, 이미 프로젝트 관리자의 수를 줄인 탓에 바로 일을 시작하는 편이 오히려 마음 편했다.

　새로 담당한 프로젝트는 이전에는 해 본 경험이 없는 프로젝트였고 계약은 이미 체결된 상태였다. 강 차장은 해당 계약서를 읽어 보다 프로젝트 스케줄에 심한 오류를 발견했는데, 계약서에는 이미 전체 일정이 모두 확정되어 있었다. 그리고 일정에 대한 지체배상금까지 명시되어 있어 해당 프로젝트를 성공시킬 자신이 없어졌다. 그는 누가, 왜 이런 계약을 체결하도록 방치했는지 원망스러울 따름이었다.

　직속 상관인 김 이사는 강 차장에게 이번 프로젝트는 반드시 성공시켜야 한다는 주문만을 해오고 있다. 강 차장 입장에서는 사실 이런 프로젝트는 하고 싶지 않았다. 스스로 생각하기에도 태평기업의 계약 체결 과정은 터무니없을 정도로 리스크를 점검하지 않거나 형식적인 관리만을 하고 있었다. 자기 같은 프로젝트 관리를 할 사람을 계약 체결 이전에 한번이라도 불렀더라면 이런 일이 많이 줄 텐데 라는 생각만 할 뿐이다.

　흔히 많은 회사들이 영업 및 제안팀과 프로젝트 수행팀을 분리해 운영하고 있다. 해외의 수천억, 수조원대 규모의 프로젝트들도 이런 방식으로 사업을 하고 있으니 다소 안타깝다. 프로젝트를 수행할 프로젝트 관리자는 기획 단계부터 시작해 계약 체결을 위한 협상 단계에서는 반드시 참여해, 계약 전체의 모든 조항을 꼼꼼하게 검토해야 한다. 프로젝트 수행에 문제가 될 것들을 찾아 협상팀에게 조정을 요청하고, 전체적인 리스크를 줄일 수 있는 다양한 방안을 찾는 것도 프로젝트 관리자의 일이다.

계약 체결 직전 단계는 마지막으로 리스크를 점검할 수 있는 기회가 된다. 돌다리도 두들겨 볼 수 있는 것이다. 협상을 마무리 하고 계약 체결 단계에 이르렀을 때, 프로젝트 관리자는 어떤 역할을 해야 할까? 적어도 프로젝트 관리자는 계약서가 체결되기 전에 최종 확인할 기회를 가져야 한다. 다만 프로젝트 내용이 일반적이고 반복적인 것이라면 승인이나 검토 절차는 생략할 수도 있다.

최종 확인 절차는 해당 프로젝트 관리자가 RFP 검토, 제안 단계나 프로젝트 협상 단계에 참여하지 못했을 때 효과가 있다. 프로젝트 관리자는 계약서의 법적 구속력이 생기기 전에 계약 내용을 검토하고 혹시 모를 하자나 중대한 위험 요소를 발견해야 한다. 이렇게 해야 프로젝트의 착수 단계에서 생길 수 있는 혼란과 오해를 미연에 방지하게 할 수 있다.

성공을 예견하는
프로젝트

AP사는 컴퓨터 시스템 통합을 전문으로 하는 회사이다. AP사는 최근 BB은행으로부터 새로운 투자 관리시스템을 구축하는 약 500억대의 프로젝트를 턴키turn-key, 업체가 프로젝트를 설계에서 구매, 완성까지 처음부터 끝까지 모두 책임지고 다 마친 후 발주자에게 인도하는 방식방식으로 수주했다.

프로젝트의 성공을 위해서는 D기업의 신제품인 'New Invest SW'가 반드시 필요했다. 'New Invest SW'는 제품 성능이 우수했고 혁신적인 기능을 갖추고 있을 뿐만 아니라 공격적인 마케팅으로 은행권에 잘 알려진 덕에 AP사가 사용하기에 매력적인 제품이었다. 때문에 AP사는 'New Invest SW'를 이번 프로젝트에서 약 170억에 계약하여 사용하기로 했다. 하지만 'New Invest SW'는 제품의 완전성이 충분히 검증되지 않은 신규 제품이라는 문제점이 있었다. AP사는 계약 체결을 할 때 이 점을 알고 있었으나 이미 BB은행에 이 제품을 사용하기로 제안을 한 상태여서 다른 제품으로 교체하지 않고 진행했다. 계약서에는 또 D회사는 이 제품의 하자에 대해서 어떤 책임도 지지 않는다고 명시했다.

프로젝트가 진행되면서 'New Invest SW'가 전체 시스템에 적용하기 어렵다는 의견이 나오기 시작했다. 쉽게 될 줄 알았건만 AP사가 구축하고 있는 전체 시스템들과 호환이 잘 되지 않았다. 수많은 기술자들을 투입하고, 'New Invest SW' 사에서도 기술진이 왔으나 결국에는 현재 설계된 시스템에 사용하기에는 안정성이 너무나 떨어진다는 결론이 났고, 제대로 검증하지 못한 SW의 사용으로 인해 전체 프로젝트에 영향을 주게 되었다.

결국 이 프로젝트는 중단됐고 BB은행과 협의해 해당 프로젝트 전체를 다시 처음부터 진행할 수밖에 없었다. 새롭게 프로젝트를 시작하면서 들어간 비용과 쓰지도 못한 D사의 SW 비용이 늘어났다. 거기에 AP사는 BB은행과의 계약조건에 따라 추가적인 지연에 대한 지체배상 책임을 질 수 밖에 없었다. 이로 인해 AP사는 약 200억대의 손실을 입게 되었다. 하지만 D사에는 그러한 막대한 손해에도 불구하고 법적인 책임을 물을 수 없어 손해배상은 전적으로 AP사의 책임이 되었다.

AP사는 많은 회사들이 경험하는 함정에 빠졌다. 프로젝트의 성공과 직결되는 주요 구성품의 신뢰성에 대해 의심을 가졌음에도 불구하고 그대로 채택하고, 계약 조건에서 조차 이에 대한 대응책을 마련해 두지 않은 것이다. 막연히 잘 되리라 믿고 문제가 없거나 있더라도 쉽게 대응할 것이라는 기대를 가진 것이다.

프로젝트의 성공 가능성을 높이기 위해서는 실패 요인들을 가능한 많이 줄여 나가야 한다. 상기의 경우도 실패 요인이 분명히 있었음에도 불구하고 이를 무시하거나 경시한 결과이다. 회사나 조직의 문화에 따라 그러한 요인들이 철저히 관리되고 예방하는 경우가 있는가 하면 잘 관리하지 않는 경우도 허다하다.

프로젝트를 많이 관찰하다 보면 성공이 예견되는 프로젝트들이 있다. 반면에 어떤 프로젝트들은 착수 단계에서부터 불길한 예감이 감돌고 급기야 많은 문제점을 나타내거나 실패하는 프로젝트들도 있다. 그렇다면 성공하는 프로젝트들은 어떠한 특성이 있을까? 수많은 특성들을 일일이 열거하기는 어렵지만 공통 사항들은 끄집어내는 것은 가능하다.

프로젝트의 성공이라 함은 체결된 계약 내용, 즉 계약 일정과 비용 구조에 맞추어 프로젝트를 신속하게 수행하는 것을 말하며 이를 통해 예상했던 수익을 창출하는 것이다. 프로젝트 성공의 정의에 맞추어 다음의 다섯 가지 질문을 할 수 있다.

1. **이번 프로젝트는 과거 여러 성공 사례를 가지고 있는가?** 과거의 성공 사례가 있어야 한다. 아무리 회사와 프로젝트 관리자가 성공을 자신하더라도 과거에 성공 사례가 없는 프로젝트라면 일단 의심해야 한다. 처음 하는 프로젝트는 아직 검증된 바가 없기 때문에 성공의 기준을 마련하기도 어렵다. 훨씬 더 조심스러운 접근이 필요하다.

2. **이번 프로젝트를 경험 있는 프로젝트 관리자가 수행하는가?** 경험이 많은 프로젝트 관리자가 프로젝트를 수행해야 한다. 문제가 생길 여지가 항상

있다는 점을 감안한다면 아직 경험이 부족한 신임 프로젝트 관리자는 더 많은 성공적인 프로젝트를 경험하고 일을 하는 것이 좋다. 경험이 많은 프로젝트 관리자라면 중간에 돌발적인 상황이 발생하더라도 이를 능숙하게 대처할 수 있다는 점에서 프로젝트의 성공가능성을 크게 높여 둔다.

3. 이번 프로젝트에 사용되는 재료, 기술 및 부품들이 이미 입증된 것들인가? 프로젝트에 사용될 모든 재료, 기술 및 부품들은 모두 검증되고 입증된 것이어야 한다. 혁신이라는 측면에서 새로운 기술과 재료들을 사용해 새로운 시도를 하는 것은 뜻은 좋지만 위험하다. 프로젝트에 사용되는 재료, 기술(소프트웨어 포함) 및 부품은 모두 과거에 이미 사용됐거나 원만하게 작동하는 것이어야 한다. 간혹 혁신적인 신제품임에도 불구하고 검증이 안 돼 프로젝트에 쓸 수 없거나, 사용했지만 제대로 작동하지 않은 사례도 많다.

신재료나 신기술의 사용이 불가피한 경우, 공급자가 제 3의 업체라면 그 업체와의 계약 조건에 대해 좀 더 세세하게 검토해야 한다. 만약 신기술에 대한 책임이 불분명하다면 이는 프로젝트에 큰 리스크 요인이 된다.

4. 이번 프로젝트에 참여하는 모든 업체들은 신뢰할 만한가? 프로젝트에 참여하는 모든 업체들은 풍부한 경험을 갖고 있어야 한다. 충분한 경험이 없다면 프로젝트가 성공적으로 끝날 때까지 프로젝트 성공 가능성은 어느 정도는 의심해야 한다.

5. 이번 프로젝트를 함께 하는 업체와 상호 우호적인 관계인가? 상대와 우호적인 관계를 형성해야 한다. 만일 우호적인 관계가 형성되어 있지 않다면 프로젝트 내내 상호 간의 불신으로 인해 분쟁이 있을 수 있으며, 이는 별일 아닌 일도 '문제'로 만들어 버릴 수 있다.

위에 언급한 사항 외에도 여러 요인들이 있다. 하지만 이 다섯 가지 요인들이 우선 중요하다. 현재 시작하려는 프로젝트에서 위 질문에 부정적인 답이 있다면 신중하게 다시 검토하고, 이 부정적인 요인을 개선할 수 있는 방안을 찾아야 하다. 그러지 않으면 이 부정적인 요인은 추후 현실로 나타나 결국 프로젝트를 실패로 내몰고 프로젝트 관리자를 아주 힘들게 할 것이다.

실패의 전조,
트러블 프로젝트의 불길한 징후들

　　프로젝트 착수 단계에서 몇 가지 실수는 프로젝트를 실패로 이끌거나, 프로젝트를 아주 힘들게 만들 수 있다. 이 실수들은 프로젝트를 시작한다는 들뜬 기분과 막연한 긍정적인 생각 때문에 나타나는 경우가 많다. 강력한 경고 사인에도 불구하고 바로 잡을 수 있는 기회를 놓치게 되는 것이다.

　　A사와 B사의 협상단은 지금 매우 곤란한 상황에 처해 있다. 오랜 협상에도 불구하고 몇 가지 안건이 아직 마무리 되지 않았기 때문이다. 그동안 두 회사의 협상단은 좋은 관계를 유지하고 서로 신뢰하면서 협상을 이끌어 왔다. 그러나 양측 회사 경영진들이 협상을 종료하고 빨리 계약을 체결하라는 압박을 해오면서 관계가 틀어지게 되었다. 평소 양 회사의 협상단은 서로의 입장과 이해관계를 생각하면서 여러 가지 아이디

어로 문제를 해결해 왔다. 하지만 이제는 쉽게 양보하거나 새로운 안을 짜기가 힘든 상황이었다. 더 이상 협상을 끌고 나갈 수도 없어서 양사 협상단은 아직 합의를 이루지 못한 몇 가지 조항들에 대해 '상호 신의성 실의 원칙하에 추후 협의'하기로 했다. 양측 모두 법무와 계약에서는 베테랑들이었기에 이런 협의가 큰 문제가 된다는 것은 알았지만, 양측 경영진의 압박이 컸기 때문에 양사의 협상팀은 최고 경영진의 승낙을 받아 이를 계약서에 명시한 후 계약을 종료했다.

경영진은 계약을 체결하는 순간 모든 문제가 마무리된 걸로 알고 있었다. 그러나 프로젝트가 진행되면서 결국 염려했던 문제를 해결해야만 하는 상황에 놓이게 되었다. 실무진과 경영진이 이 문제를 풀기 위해 노력했지만 해답은 찾기 힘들었다. 어느 한 쪽의 양보는 결국 그 회사의 손해로 이어지기 때문이었다.

결국 두 회사의 신뢰관계는 깨지게 되었고, 양사는 이 프로젝트를 잠정적으로 중단하기에 이르렀다. 계약 당시, 잘 해결되리라 기대하였던 양 사는 이에 크게 실망했다. 그렇다고 자신들이 양보해 상대방의 입장을 들어주기에는 비용이 너무 컸다. 상대방 회사도 마찬가지 일 것이다. 만일 계약 체결 전에 이러한 문제들에 대하여 명확하게 했었더라면 계약 체결이 좀 지연되었을지는 모르겠으나, 양 사는 명확한 조건에 따라 나름대로의 대비를 했었을 것이다.

계약 체결 전에 합의에 이르지 못하는 문제는 지속적인 문제를 낳게 된다. 거기에 협상력의 차이가 생기게 되면 결국 어느 한쪽은 불리하고 난처한 입장에 놓이게 된다. 아무리 어렵더라도 가능한 계약 체결 전에 모든 문제를 합의하고 정리해야만 하는 이유가 여기에 있다. 쉽게 협상해 계약을 체결하고 프로젝트 도중에 불명확한 문제로 분쟁을 겪을 것인지, 아니면 계약 체결 전에 분명한 협의를 한 후 순조로운 진행을 할 것인지는 선택의 문제이다.

하지만 가능한 한 명확하게 서로 합의를 하고 계약서에 사인하는 것이 최선의 방법이다. 이 예는 트러블 프로젝트의 대표적인 불길한 징조이자 자주 나타나는 사례이다.

프로젝트를 수행하다보면 문제가 생기는 경우는 흔히 접할 수 있다. 통계적으로 보면 전체 프로젝트 중 절반 이상에서 크고 작은 문제들이 생겨난다고 한다. 이 문제들은 미리 알고 사전에 예방할 수 있는 것도 있지만 그렇지 않은 경우도 많다. 그렇다면 트러블 프로젝트의 주요 징후들을 미리 아는 것은 가능할까? 가능하다면 어느 단계, 어느 부분에서 징후들이 나타나게 되는가? 그러한, 징후들 중 몇 가지라도 미리 알 수 있고 이를 예방할 수 있다면 문제를 피하거나 피해를 최소화할 수 있지 않을까? 다음은 트러블 프로젝트를 예상할 수 있는 주요 징후들이다. 주요 사항들을 미리 숙지해두면 트러블 프로젝트를 막는 데 도움이 될 것이다. 혹여나 프로젝트 수행 도중에 문제가 생겼을 때도 보다 신속하게 해결할 수 있다.

각 당사자의 불완전한 역할 정의

프로젝트가 실패로 끝나거나 아주 어렵게 진행되는 경우를 보면 각 당사자의 역할에 대한 정의를 내려놓지 않은 경우가 많다. 발주자라 할지라도 프로젝트에서 해야 할 역할이 분명히 있으며 이러한 역할을 명확히 정의하고 있을 때 수주자는 자기 역할을 더 잘 수행할 수 있다. 또한 계약 당사자 간의 역할을 잘 명시하고 있지 못하다는 것은 각 당사자들이 무엇을 해야 할지를 명확하게 이해하고 있지 못하다는 것이기도 하다. 각 당사자들이 무슨 일을 할지 잘 이해하지 못했기 때문에 계약상에 명시하지 못했거나, 명시하는 것이 다소 못마땅해 그럴 수도 있다. 내가 고객이고 돈을 지불하는 입장인데 무슨 역할이 있다는 말인가 하는 식으로 생각할 수도 있다. 그러나 모든 프로젝트가 그렇듯이 어느 일방의 역할 수행만으로 성공하는 프로젝트는 없다. 언제나 상대방의 협조와 역할이 가정되어 있는 것이다. 수주자 입장에서도 계약 체결 당시 상대방을 편안하게(?) 하기 위해 역할 정의를 제대로 하지 않았다면 프로젝트 진행시에 큰 낭패를 겪을 수도 있다. 상대방의 협조를 받지 못해 문제를 쉽게 풀지 못하거나, 상대방이 해야 할 역할을 자신이 수행하면서 추가적인 비용이 발생할 수 있기 때문이다.

계약 협상 단계에서 각 당사자의 역할R&R, Roles & Responsibilities이 정확하게 정의되어 있는지 검토해야 한다. 계약서상에 각 당사자의 역할이 충분히 기술되어 있지 않다면 이는 프로젝트에서 어떤 일을 할지 모르는 셈이 된다. 두 회사의 실무 책임자들이 무슨 생각을 했는지도 모르며 계약 체결 시점에 어떤 내용의 프로젝트를 할지 자세히 합의되지 않았을 수도 있다. 또는 계약 체결을 서두르고자 각 당사자의 역할에 대해 흐지부지 덮으며 프로젝트를 진행할 때 역할을 결정하기로 했을 수도 있을 것이다. 이런 상황에서는 리스크를 제대로 파악하지 못하게 되고 결국 숨겨진 리스크는 터지게 된다.

그리고 이런 역할 정의는 계약 체결 전에 마무리되어야 한다. 계약이 체결되고 난 후에 이를 정의한다는 것은 아주 어렵고 힘든 협상이 된다.

불합리하게 높은 기대치

프로젝트가 필요한 발주자는 우선 이를 위해 RFP 등 발주 활동을 할 것이고, 수주자는 이 프로젝트를 수행하기 위해 제안 등의 수주 활동을 할 것이다. 이러한 과정에서 수주자는 상대가 마음에 들도록 하기 위해 프로젝트의 결과물을 보다 보기 좋게 설명할 것이고, 발주자는 이 과정에서 더 높은 기대치를 가지게 된다. 경우에 따라서는 허황된 기대치를 가지게 될 수도 있다.

이런 현상은 어느 특정 사례에서 나타나는 것이 아니라 거의 대부분의 프로젝트에서 일어나는 일이다. 아마 앞으로도 계속 그럴 것이다. 그렇다면 이 과정에서 생겨난 높은 기대치는 어떻게 정리해야 할까? 수주자는 이 높은 기대치를 계속 가지고 가야 할까? 혹은 이러한 기대치를 무참히 깨뜨리는 계약을 체결해야 할까? 아마도 이 질문에는 어느 누구도 쉽게 답하기 어려울 것이다. 계약이 어려워질까 봐 높은 기대치를 제시하기도 하겠지만 수주자 스스로도 그 기대치를 꺾고 싶지 않기 때문이다.

이 기대치에는 합리적인 조정이 필요하다. 불합리하게 높은 기대치는 향후 프로젝트를 어렵게 할 뿐 아니라 법적인 문제를 발생시키기도 하고, 최종적으로 양 당사자가 프로젝트를 검수하고 마쳐야 하는 단계를 끝낼 수 없게 만들기도 한다.

어려운 프로젝트를 하기 전에는 프로젝트가 성공적으로 마무리된 후에 있을 여러 가지 기대 수익들을 바라게 된다. 하지만 기대는 합리적으로 해야 한다. 프로젝트를 잘 포장하고 과장해 설명한 것을 상대방이 그대로 받아들이지 않을 수도 있지만 반대로 과한 기대를 갖게 되기도 한다. 상대방이 프로젝트의 성공에 대해 지나치게 높은 기대를 갖는다면 프로젝트를 결국 제대로 완성할 수 없거나 제대로 끝냈다 할지라도 상호 간의 분쟁과 불신을 낳게 된다. 따라서 프로젝트의 제안 단계 또는 계약 체결 단계에서 상호 간의 적절한 기대를 갖는 프로세스를 거치는 것이 중요하다. 가능한 객관적이고 균형 있는 기대를 갖도록 해야 한다. 화려한 계약 체결 당일의 행복한 순간들이 불행한 순간으로 바뀌는 것을 많이 볼 수 있지 않는가?

추후 협의의 함정

앞서 논의한 것과 같이 계약 체결 이전에 미처 발견하지 못했거나 제대로 협상할 시간이 부족해 협의나 협상을 미룰 수 있다. 특히 양 당사자가 어느 정도 신뢰관계에 있다고 생각하면 이런 경향이 더 심해진다. 협상 과정에서 '신의성실의 원칙에 따라 협의한다'라는 문구로 협상을 마무리 하는 경우가 있는데 이는 계약을 서둘러 체결하고자 하는 의도로 밖에 볼 수 없다. 해외에서는 각 국의 문화적인 이유로 상대방을 불신하는 것이 비신사적인 태도라고 여겨져 이런 문구를 쓰곤 한다.

그러나 아무리 원만한 관계라 할지라도 상호간의 이해관계가 대립되는 일이 일어난다면 결국에는 상호 이익을 위해 의견을 피력해야 한다. 이 때 이 문구는 전혀 도움이 되지 않을뿐더러 오히려 프로젝트를 실패

하게 만든다. 계약 체결 전에 서로 험난한 협상을 하고, 계약 체결 후에
는 서로 웃으며 지내는 것이 더 좋지 않겠는가?

계약서 수령 후의 프로젝트 관리자

계약이 체결되고 최소한 프로젝트가 시작되기 전에는 프로젝트 관리자가 임명된다. 이 프로젝트 관리자는 앞으로 해야 할 임무에 대해 분석하고 어떻게 완료할지, 그 과정에서 문제점은 없는지 알아보게 된다. 이때 가장 중요한 업무가 계약 내용의 분석이다. 이 계약 내용을 얼마나 면밀히 분석하였는지가 프로젝트 관리자가 앞으로 수행할 프로젝트를 얼마나 체계적으로 그리고, 계약 종료 단계에서 상대방과의 큰 마찰 없이 프로젝트를 종료할 수 있는지에 큰 영향을 주게 된다.

우선 계약서를 신중하게 살펴보는 게 중요하다. 몇몇 프로젝트 관리자들은 제안서의 내용이나 프레젠테이션 자료만으로도 프로젝트를 수행할 수도 있다. 이 자료에는 프로젝트의 전반적인 내용과 기타 기술적인 사항들이 포함돼 있지만 계약서상의 중요한 내용들이 빠져 있는 경우가 많다. 또한 법적 구속력이 없는 내용도 대부분이다.

일을 제대로 추진하기 위해서는 프로젝트와 관련된 모든 계약서를 꼼꼼히 정리한 후 이를 정독하고 분석해야 한다. 작업명세서를 비롯해 모든 계약서의 내용과 붙임 서류들도 같이 검토해야 한다. 작업명세서에는 프로젝트가 잘못될 경우 혹은 손해가 발생할 경우 어떻게 해야 하는지에 대해 상세히 기술되어 있다. 이 내용을 알아야 프로젝트의 전반적인 내용을 이해하게 되며 프로젝트를 성공으로 이끄는 지름길로 갈 수 있다.

프로젝트 관리자들은 이러한 내용들이 계약을 수행하는 데 무관하다고 생각할 수 있겠지만 현실은 그렇지 않다. 프로젝트를 수행할 때 계약서에 명시된 내용에 따라 관심을 가져야 할 부분이 달라질 수도 있기 때문이다. 예를 들어 엄격한 지체배상금 조항이 있는 계약 내용을 발견한 프로젝트 관리자와 이런 내용이 없거나 가벼운 정도의 지체배상금 조항이 있을 거라고 생각한 프로젝트 관리자의 업무 집중도는 달라질 수밖에 없다.

계약 내용을 확인하는 과정에서 문제점을 발견했다면 이미 계약이 체결되었다 하더라도 이를 경영진에 보고하는 것이 좋다. 아무런 보고가 없다면 경영진은 계약이 문제없이 체결된 것으로 이해할 것이고 나중에 문제가 발생한다면 당황하게 된다. 이렇게 되면 책임 추궁은 프로젝트 관리자에게 돌아온다. 회사 상황이나 다른 이유로 조직 내 소통이 원활하게 이루어지지 못할 수도 있지만 프로젝트 관리자만이라도 잘 정리해 두어야 한다. 계약의 첫 단추가 잘못 끼워져 있다고 판단했다면 관련자들을 탓할 것이 아니라 사내에 적절하게 보고를 해서 지속적으로 내용을 수정하고 보완하면서 리스크를 줄여나가는 것이 중요한다.

프로젝트 관리자는 단순히 프로젝트를 기술적으로 완성하는 관리자가 아니다. 프로젝트 계약 내용에 나와 있는 작업 내용뿐 아니라 관련 법적 내용까지도 잘 이해하고 관리해야 한다. 경우에 따라서는 프로젝트 관리자와 함께 일할 수 있는 계약 담당자(Contract Manager 또는 Contracts & Negotiation, Contracts Specialist라고 함)를 임명하는 것도 필요하다. 특히 대형 프로젝트에서는 계약서의 내용이 복잡하고 방대해 프로젝트 관리자만으로는 힘들기 때문에 계약 담당자가 꼭 필요하다.

국제적 계약 관계에서 상대방은 문제가 생길 때마다 언제나 계약 조건에 따라 책임을 묻는다. 따라서 계약 담당자를 두고 계약 내용에 대한 이해와 준수, 그리고 변경 사항을 철저하게 수행하는 것이 중요한 프로젝트 관리의 한 부분이 될 수 있다.

계약담당자를 옆에 두더라도 프로젝트 관리자는 계약 내용을 상세히 알고 있어야 하겠지만, 만일 그럴 형편이 되지 않거나 프로젝트 규모가 작아 그렇게 까지 할 필요가 없다면 스스로 계약 내용을 자세히 파악하고 있어야 한다.

프로젝트 관리자가 계약 내용에 대하여 충분히 인지해야 한다는 것은 아무리 강조해도 지나치지 않다. 실제로 계약 내용으로 인해 크게 고생한 프로젝트 관리자라면 이 말에 대하여 누구도 부인하지 않을 것이다.

K사의 김 차장은 새로운 데이터베이스 시스템 구축을 위한 신규 프로젝트에 프로젝트 관리자로 일하게 되었다. 이 프로젝트는 A건설회사

에서 그동안 축적된 자료를 새로운 데이터베이스에 구축하는 것을 목적으로 K사에 의뢰한 것이다.

김 차장은 이제 경력 10년 차로 전체 프로젝트를 책임지는 관리자로 부임한 것은 이번이 처음이다. 그간 고참 프로젝트 관리자와 함께 프로젝트를 관리한 경력은 약 3년 정도 되지만, 그 때는 고참으로부터 지시를 받거나 조언을 구하면서 프로젝트를 진행했다. 그는 자신이 책임져야 하는 프로젝트를 진행한다는 것에 다소 부담도 됐지만 회사로부터 인정받았다는 자부심도 느꼈다.

김 차장은 데이터베이스 구축과 관련해서 충분한 기술적인 이해와 역량을 보유하고 있다. 그러나 기술적인 부분에 다소 치우쳐 있어, 계약조건이나 재무적인 분야는 관심도 적었고 또한 공부할 기회도 많지 않았다.

평소 계약서를 읽기 싫어하는 김 차장은 계약 내용 대신 제안서에 나온 프로젝트에 대한 내용을 중심으로 계획을 세웠고 프로젝트를 진행했다. 프로젝트 구성원들도 대부분 기술적인 배경과 경력을 가진 사람들이었기 때문에 계약서는 누구도 자세히 본 사람이 없었다. 김 차장은 사실 프로젝트 전체를 책임지고 해 본 경험이나, 프로젝트가 법적 문제까지 간 것을 경험해 보지 못했기에 프로젝트 관리자로서 법적인 내용이나 그 밖의 다른 내용들을 구체적으로 알 필요가 없다고 생각한 것이다. 그는 프로젝트 관리자는 엔지니어로서 기술적인 부분만 제대로 잘 구현하면 되고, 계약서상의 문제들은 법무팀 소관이라고 생각하고 있었다. 사실 계약 체결 직전까지만 프로젝트에 관심을 가지고 이후에는 전혀 지원하지 않는 법무팀에도 불만이 컸다. 다만 법무팀과 나쁜 관계를 맺을 이유는 없어서 속으로만 생각할 뿐이었다.

김 차장은 자신 있게 프로젝트를 시작했지만 프로젝트는 계획대로 추진되지 않았다. 문제는 계획에 오류가 있었다는 것이다. 김 차장은 이 프로젝트를 제안서상의 내용을 기본으로 진행하고 있었는데, 실제 계약과는 다소 차이가 있었다. 게다가 프로젝트 구축 지연에 대하여 높은 지체배상금을 물리고 있었다. 시스템 구축이 하루 지연될 때마다 전체 계약 금액의 0.5%, 전체 계약 금액이 150억이었기 때문에 지체배상금은 하루에 7천5백만 원이었다. 예상되는 지체 일수는 약 한 달, 총지체배상금은 22억에 달했다. 뿐만 아니라 지체기간 동안 추가로 지출될 비용도 약 15억 원으로, 지체로 인해 생긴 손해는 약 37억으로 예상되었다. 처음 예상했던 10% 이익률은 모두 없어지고 큰 적자 프로젝트가 될 지경이었다. 이를 경영진에 보고하자 경영진은 적지 않게 당황하는 모습이었다. K사는 보고를 받자마자 즉시 전문가들을 투입했고 법무팀 또한 참여하게 되었다. 그러나 모든 노력에도 불구하고 프로젝트는 결국 실패로 끝났다.

K사는 이 프로젝트로 인해 큰 손실을 입었다. 계약해지라는 최악의 경우를 막기 위해 더 많은 인원을 투입하면서 총 손실 금액은 60억까지 늘어났다. A사의 연간 매출 규모로 보더라도 이 프로젝트로 인한 손실 비중은 매우 컸다.

김 차장은 당연히 회사로부터 문책을 받게 되었다. 변명의 여지가 없는 것은 아니지만 프로젝트 전체의 책임자로서 계약 내용을 면밀히 분석하지 못한 것에 책임은 컸다. 그제야 김 차장은 전에 모셨던 강 부장을 떠올렸다. 법무팀마냥 매일같이 계약서를 들고 다니던 강 부장이 못마땅해 인상을 쓸 때마다 강 부장은 이렇게 말하곤 했다.

"프로젝트 관리자는 언제나 계약내용을 환하게 알고 있어야 하네. 그렇지 않으면 낭패를 볼 수 있어."

리스크 관리를 위한
체크리스트

프로젝트 리스크 관리를 위해서는 문제가 될 부분을 미리 정리하여 이에 대한 체크리스트를 만들어야 한다. 체크리스트는 각 분야마다 다를 수 있기 때문에, 그 분야에서 경험을 쌓은 프로젝트 관리자들이 지속적인 검토와 수정으로 만들어 나가야 할 것이다. 체크리스트를 만들다 보면 각 프로젝트들에서 나타나는 공통된 리스크를 찾을 수 있으며, 다른 프로젝트 관리자 특히 신임 프로젝트 관리자를 위한 좋은 지침이 된다. 회사나 조직 차원에서는 체크리스트를 통해 나온 리스크의 정도에 따라, 프로젝트의 수행 여부나, 수행 시 유의할 정도를 미리 감지할 수 있다.

이 체크리스트는 프로젝트를 추진할지에 대한 판단 자료가 되며, 계약 이후에도 이러한 체크리스트에 따라 프로젝트를 수행하면 리스크를 일목요연하게 알아볼 수 있기 때문에 반드시 필요하다.

대부분의 경우 계약 전단계에서는 리스크 분석을 통하여 계약 체결 여부를 판단하게 되나, 계약 체결 후에는 리스크 분석을 등한시 하는 경우가 있다. 체크리스트는 프로젝트 관리상에서 무엇이 주의하여야 할 리스크이고, 이러한 리스크를 어떻게 경감할 수 있는지 그리고 실제로 리스크들이 관리되고 있는지를 확연하게 알 수 있게 해 준다.

어떻게 보면 리스크 분석은 프로젝트의 성공을 위해 가장 중요한 부분 중 하나이다. 실패의 요인을 줄이기 때문에 성공 가능성을 높여 주는 것이다. 즉 사전에 발생할 리스크를 미리 예방하고 프로젝트를 진행하는 중에도 중간 중간 리스크가 없는지 체크해야 프로젝트를 성공으로 이끌 수 있다.

다음 표는 프로젝트 리스크 요인들에 대한 체크리스트다. 체크리스트에는 리스크 를 최소화하기 위한 방법도 세세하게 서술해 둬야 한다. 그리고 리스크 정도를 점수로 표시하고 리스크를 확인했다는 표시도 해놓아야 한다.

	프로젝트 리스크 요인	확인	정도	리스크 최소화를 위한 방법
1	• 신기술, 신재료, 신부품의 사용 필요		4	• 신기술, 재료 및 부품들에 대한 점검 및 확인 작업 조치 • 계약상에 이에 대한 책임 등을 명시
2	• 관리자의 경력이 짧음		5	• 관리자 교육 및 업무를 지원하고 모니터링해 줄 고참 관리자 배정
3	• 제안서 준비 및 제안 단계에서 관리자의 관여도가 낮음		3	• 프로젝트 전반에 대한 업데이트 및 주요 사항에 대한 인수인계
4	• 계약서에 위험 조항이 있음		7	• 위험 조항 인지 및 이에 따른 관리 필요 • 위험 조항의 실현 가능성 재검토

5	• 계약서에 변경절차가 명시되어 있지 않음	7	• 프로젝트 변경 절차의 합의 및 서면변경 합의서 작성 • 변경절차 미비에 대한 보완책 마련
6	• 작업 명세서 내용이 불분명함	8	• 작업 명세서 보완과 명확화
7	• 작업 내용이 복잡하고 난이도가 높음	4	• 모든 작업 내용에 대한 조기 관리 및 리스크 분석
8	• 일정이 촉박하고 지체배상금 조항이 있음	7	• 일정을 조기부터 관리하고 진행 경과를 최우선의 위험 요소로 관리
9	• 해당 국가의 정치적 변동성이 크고, 보안상의 문제	9	• 해당 국가의 정치적, 보안상의 리스크를 면밀히 재검토하고 필요한 조치
10	• 기타 프로젝트 완료에 영향을 주는 리스크 검토	X	• 각 리스크에 대한 경감 조치를 내부 이해관계자와 검토
	합계		

[표 7] 리스크 분석 체크리스트 예시(리스크의 정도 1[낮음] ~ 10[높음])

체크 리스트 항목은 프로젝트 자체 기술의 리스크, 계약의 리스크 및 프로젝트 운용의 리스크 등으로 최대한 세분화하여 정리하는 것이 좋다.

리스크 점수는 각 프로젝트의 특성마다 다소 다를 수 있으므로 해당 프로젝트에 대한 책임 있는 관리자가 점수를 주도록 한다. 리스크의 정도 표시 점수는 리스크 경감 조치를 어떻게 하는 가에 따라 점수를 낮추어 간다. 그렇게 하면 리스크를 어떻게 줄여 나가고 있는지 알아 볼 수 있다. 만일 리스크 경감 조치를 하기 어렵다면 이에 대한 대비를 해 두고 있어야 한다. 상대방의 과실이나 의무 불이행에 대해서도 프로젝트 기간 동안 자료나 기록을 계속 유지하고 있어야 한다. 만일의 경우에 대비하여 내가 책임져야 할 부분을 줄이기 위해서도 필요하다.

전체 합계 점수를 기준으로 구간을 정하여 어느 일정 점수 이상은 고위험군, 어느 구간의 점수는 중위험군, 그 이하는 저위험군 등으로 나누어서 관리할 수도 있다. 그렇게 하면 회사나 조직 전체적으로 고위험군에 속하는 프로젝트가 얼마나 되는지, 중위험 및 저위험군의 프로젝트들은 얼마나 되는지를 모니터링하면서 적절한 조치들을 취할 수 있을 것이다.

고위험군에 속하는 프로젝트들이 많을 경우에는 회사는 이에 대한 다양한 대비책을 가지고 대응할 수 있어야 하며, 시간 경과에 따라 고위험군, 중위험군 및 저위험군의 프로젝트들의 수가 어떻게 변화하고 있는지도 모니터링 해야 할 것이다.

이러한 체크 리스트는 관리의 목적으로 작성되며 각 프로젝트의 성격마다 다를 수 있으므로 성격에 맞추어 체크 리스트를 작성해 두는 것이 중요하다.

파이를 키우는
성공 협상

프로젝트의 성공을 위해서 서로 밀고 당기고 양보하는 협상도 의미가 있겠지만, 가장 중요한 것은 상호간의 협상으로 전체적인 파이의 크기를 키우는 것이다. 물론 실제 상황에서는 어려울 수 있다. 대개의 경우 협상은 파이를 적당히 가르는 것이라고 생각한다. 때로는 50:50이 합리적이라고 생각하고, 보다 협상 파워가 강한 쪽은 90:10이 더 합리적이지 않느냐고 생각할 수 있다. 하지만 이렇게 되면 제로섬$^{Zero-sum}$ 게임이 된다. 우리가 협상을 통해 서로의 이익을 더 증대 시킬 수 있다면 더 나은 결과를 만들 수 있다.

A라는 IT기업은 최근 최첨단 기술을 활용한 무선결제시스템을 개발했다. A사는 이 기술을 필요로 하는 기업을 찾다가 B은행이 이 분야에 관심이 있다는 것을 알게 되었고, 곧 제안 작업과 협의에 착수했다.

B은행은 이 무선결제시스템을 자사가 독점적으로 사용할 경우, 경쟁이 치열한 결제시스템 분야에서 독보적인 자리를 차지할 것으로 예상했다. 그러기 위해서는 B은행이 A사로부터 모든 지적재산권을 가져 와야 한다고 생각했다.

B은행은 A사에게 최첨단 무선결제시스템 개발과 동시에 모든 지적재산권을 B은행에 양도할 것을 요구했다. 다른 회사에도 이 시스템을 팔고자 했던 A사는 B은행의 요구에 난감해 했다. 만일 B은행의 요구를 그대로 들어 준다면 이번 프로젝트를 끝으로 다른 회사에서는 시스템 개발을 더 이상 할 수 없게 된다. 하지만 요구를 들어 주지 않는다면 B은행과의 좋은 기회를 놓치게 된다. 그렇다고 A사가 B은행에 잠재적인 매출에 해당하는 금액 모두를 계약금액으로 하자고 요청하기도 어렵다.

A사 입장에서는 B사 이외에 다른 회사에서는 아직 시스템 구매 요청이 없었고, 현재 재정적인 어려움도 있다. B은행 또한 A사가 다른 경쟁사와 계약할까봐 내심 초조했다.

서로 고심하던 두 회사는 마침내 묘안을 내게 되었고, 양 사는 이에 서로 합의하게 되었다. B은행 입장에서는 사실 지적재산권이 필요한 것이 아니라, 이 시스템을 독점적으로 구축하여 시장에서의 경쟁력을 확보하는 것이다. A사 입장에서는 당장에 매출을 올려야 하고, 시장에 이 시스템을 지속적으로 판매할 수 있어야 했다.

A사는 B은행이 무선결제시스템을 먼저 구축하여 시장에서의 배타적인 우월한 지위를 가질 수 있도록 6개월 동안 여타 은행에는 이 무선결제시스템을 판매하지 않기로 동의했다. 대신 일반적인 시스템 개발비보다 1.5배 높은 개발비를 요구했다. B은행도 타사와의 경쟁에서 매우 유

리한 위치에 서게 되고 지적재산권을 양도받기 위해 지불해야 할 높은 비용을 치를 필요가 없기 때문에 A사의 제안을 수락했다.

거래는 깨지지 않았고 서로 적절히 만족하는 '윈윈' 협상이 되었다.

서로의 입장에만 주목하여 결국 협상이 결렬되거나, 혹은 어느 일방의 양보로 끝나게 되면 서로의 파이를 키운 협상이라고 할 수 없다. 파이를 키우는 협상이 되려면 서로간의 이해관계를 분명하게 파악하고 이를 만족시키는 또 다른 안을 제시해야 한다. 그럴 수만 있다면 양쪽 모두 양보할 필요 없이, 서로의 이해관계를 맞추는 협상을 성공시킬 수 있다.

성공적인 프로젝트 관리자라면 이와 같이 협상 자세와 능력을 갖추어야 하고 상대방의 숨은 이해관계에 집중해 새로운 제안을 할 수 있어야 한다.

다음은 협상에 관한 짧은 이야기다.

하루는 어머니가 두 아이에게 오렌지 하나를 주면서 사이좋게 나눠 먹으라고 했다. 그러자 그 아이들은 서로 더 많이 갖겠다고 싸우기 시작했다. 한참을 싸운 뒤 두 아이는 오렌지를 반씩 나누기로 했다. 어른들이 하는 협상처럼 50:50의 협상 안에 서로 동의한 것이다.

그런데 재미있는 일이 일어났다. 두 아이가 모두 오렌지를 반씩 나누어 먹을 줄 알았는데, 한 아이만 껍질을 벗기고 오렌지를 먹었다. 다른 한 아이는 오렌지 알맹이는 모두 버리고 껍질로 미술 숙제를 했다. '과일 껍질을 활용해 무엇이든지 만들어라'는 학교 숙제 때문이었다.

두 아이 모두 오렌지를 먹고 싶어 했던 것은 아니다. 둘 중 한 아이는 오렌지 껍질에 관심(이해관계)이 있었다. 그러나 두 아이는 이에 대한 의견을 나누지 않았기 때문에 서로 오렌지를 갖고 싶다는 주장만 하게 된 것이다.

만일 두 아이가 서로의 오렌지에 대한 다른 관심과 의도를 알았다면, 한 아이는 오렌지 알맹이 한 개를 모두 먹을 수 있었을 것이고, 한 아이는 오렌지 껍질 전체로 미술 숙제를 잘 할 수 있었을 것이다. 오렌지 반개라는 양보안 없이 서로의 이익을 모두 충족시키는, 파이를 키울 수 있었던 것이다.

위의 간단한 예를 통해 서로 다른 목적이나 이해관계가 있을 경우 서로의 가치를 높이는 협상이 가능하다는 것을 알 수 있다. 이와 같은 협상 스킬은 협상 훈련을 통해 습득할 수 있다.

파이를 키우는 것이 가능할지 의심하기 보다는 서로의 최종 목표와 숨은 이해관계를 잘 파악해 서로에게 이익이 될 수 있는 다양한 선택 사항들을 생각해내는 것이 효율적으로 문제 해결을 할 수 있는 지름길이 될 것이다.

프로젝트를 수행하는 과정에서 전략적 협상능력은 필수적인 요소다. 이는 프로젝트의 질적인 향상뿐 아니라 당사자 간의 신뢰를 향상시킨다. 상대방과의 사업 추진을 위해 협의를 하다보면 상호 간의 입장 차이가 자주 발생한다. 때로는 어느 일방이 전적인 양보로 심각한 대립 없이 무난히 넘어 가기도 하지만 진지한 협상이 필요하기도 하다. 이럴 때 두 회사가 타협을 하면 큰 문제가 없겠지만 극명한 입장 차이를 보이면 자칫 감정싸움으로 번질 수도 있다.

서로 50대 50으로 양보해서 진행하는 프로젝트는 경우에 따라 적절한 대응일 수는 있지만 결국에는 전체 프로젝트의 수준을 향상시키지 못하고 상호 이익도 극대화 되지 않는 것이다. 파이를 나눠가지는 것일 뿐 서로의 파이를 키우는 협상은 안 된 셈이다. 때문에 두 회사는 서로의 가치를 함께 높일 방안을 항상 찾아야 한다.

제5장

실행

| 핵심요약 |

＊리스크 관리를 위한 체크리스트를 반드시 확인해야 한다.

＊프로젝트에 참여하는 구성원들을 지속적으로 관리하고 필요한 교육도 실시한다.

＊프로젝트에 관련된 기밀정보를 발설하지 철저하고 엄격하게 관리해야 한다.

완벽한 구성원을
찾아라

프로젝트에 참여하는 모든 구성원들에 대한 지속적인 관리와 교육은 당연히 필요하다. 구성원들의 능력이 뛰어날수록 프로젝트가 성공할 가능성이 커지기 때문에 프로젝트 관리자는 구성원들이 어떤 역량을 가지고 있고 또 필요로 하는지 점검해봐야 한다.

많은 프로젝트 관리자들은 기술적인 부분에 대해 관심이 많을 뿐만 아니라 이에 관련된 지식과 경험도 풍부하다. 하지만 프로젝트의 성공을 위해서는 기술적인 역량도 못지않게 그 외적인 역량들도 중요하다. 기술적인 역량이 뛰어남에도 수익을 창출하는 프로젝트를 완성하기 어려운 이유가 분명히 있다. 다음은 프로젝트 관리자와 주요 구성원들이 진지하게 고민해야 할 역량들이다.

• 계약에 명시된 바에 따라 프로젝트를 수행할 수 있는 능력Performance

- 상대방의 불만과 주장들을 잘 관리하고 해결할 수 있는 리스크 대처 능력과 협상 능력Creative Problem Solving & Negotiation
- 트러블을 해결하기 위해 다양한 부서 및 사람들과 커뮤니케이션 할 수 있는 능력Communication
- 기본적인 법적 지식과 프로젝트 수행 시 법적 문제점들을 이해하는 능력Basic Legal
- 리더십, 재정적인 판단 능력, 팀워크, 코칭 능력 등Leadership, Financial fundamentals, Teamwork, Coaching

다음의 표는 기본적인 역량과 각 프로젝트 관리자의 수준에 따라 필요한 역량의 정도를 나타낸 것이다. 역량의 정도는 각 회사의 사정과 수행하는 프로젝트의 성격에 따라 다를 수 있으므로 전문가와 상의를 통해 정하는 편이 좋다. 그리고 회사는 구성원들이 그 수준의 역량을 갖출 수 있도록 다양한 경험을 쌓을 수 있는 기회와 교육을 뒷받침해주어야 한다.

예를 들어 어떤 프로젝트에 투입될 프로젝트 관리자가 초급 레벨로 충분하다면 그 프로젝트 관리자의 재무적 기초 지식은 2단계로 충분하다. 협상 능력, 리더십은 3 정도, 계약 지식은 2 정도의 단계로 충분하다. 그러나 복잡하고 어려운 프로젝트에 투입될 고급 프로젝트 관리자의 경우에는 재무적 기초지식은 4단계이어야 하고 창조적 문제 해결력은 5단계, 그리고 그 외 협상, 리더십 능력은 4단계 정도는 되어야 한다.

이러한 역량 분석 기준표가 있는 경우에는 프로젝트 관리자들의 역량 교육 및 프로젝트별로 배치될 프로젝트 관리자의 기준을 정하기가 쉬워진다.

기본적인 역량(1~5)	초급 PM	중급 PM	고급 PM
재무적 기초 지식	2	3	4
창의적 문제 해결	3	5	5
협상	3	3	4
리더십	3	3	4
코칭	3	3	4
계약 지식	2	2	3
의사소통	3	4	5
팀워	4	4	5
특정 기술 1	4	5	5
특정 기술 2	4	4	5

[표 8] 프로젝트 구성원의 필요 역량 예시

※ 단계는 1~5로 나뉘며, 1은 매우 초보적인 단계, 2는 이해하는 단계, 3은 능숙한 단계, 4는 마스터 단계, 5는 타인을 지도 가능한 단계

※ 역량 기준도는 사례에 불과 하며, 각 회사 별로 다시 정할 수 있다.

※ 특정 기술 1, 2는 예시로 특정 프로젝트 관리를 위해 필요한 기술적 역량으로 프로젝트 형태마다 다르기 때문에 특정 프로젝트 영역별로 표시한다.

많은 것이 결정되는
킥오프 미팅

프로젝트 팀이 만들어지면 '킥오프 미팅'을 갖게 된다. 킥오프 미팅이란 축구에서 경기의 시작을 알리는 킥오프kick off에서 따온 말로, 프로젝트에서는 프로젝트에 참여하거나 관련된 모든 사람들이 모여 프로젝트에 관한 회의를 하는 경우를 말한다. 시점에 따라 제안 단계일 수도 있고, 계약이 체결되고 수행하기 시작하는 단계일 수 있다. 킥오프 미팅에는 프로젝트 주요 관련자들이 반드시 참석해야 하며, 프로젝트의 목적과 계획, 문제점 그리고 각종 리스크에 대해 다함께 이해하는 것이 필요하다. 여러 프로젝트 중에서도 R&D 관련 프로젝트는 R&D의 기획 또는 시작 전에 참여 연구원들의 이해도를 높이기 위해 킥오프 미팅이 반드시 필요한 과정으로 인식되고 있다.

킥오프 미팅은 형식적인 의미에서보다 프로젝트에 참여하는 멤버들과의 교류와 프로젝트에 대한 정확한 정보 전달, 이해를 위해서 필요하다.

대형 프로젝트 일수록 다수의 프로젝트 구성원들이 필요하고 업무는 더 복잡하다. 킥오프 미팅은 이럴 때 공감대를 형성하는 데 도움이 된다. 프로젝트의 규모가 작거나 프로젝트가 비교적 단순한 경우에는 프로젝트에 대한 정보를 이메일이나 다른 방법을 통해 얻더라도 프로젝트를 진행하는데 어려움이 없을 수 있다. 하지만 대부분의 문제점들이 공유되지 않거나 발견되지 않은 정보들로 인해 발생한다는 것을 감안하면, 필수 정보 외에도 다양한 정보의 교환은 프로젝트가 어려움에 빠지지 않기 위해 필요하다.

킥오프 미팅의 안건은 일반적으로 다음과 같다.

1. **프로젝트에 참여하는 구성원들 소개** 주요 구성원들 간의 교류 및 연락처 교환 등 필요한 정보 교환.

2. **프로젝트 소개** 프로젝트의 목적, 업무 범위 및 주요 사항들을 한자리에서 공유함으로써 프로젝트를 이해하고 생각하지 못했던 문제점들을 발견.

3. **프로젝트 업무 배분** 구성원들의 역할과 책임, 프로젝트에 대한 업무 배분에 대한 합의를 이끌어냄.

4. **프로젝트 일정** 구성원들의 프로젝트 일정을 공유해서 일정에 문제가 없도록 함.

5. **업무 공유를 위한 방법론** 구성원들의 업무를 공유하고 프로젝트 진행을 위해 필요한 방법과 업무 담당자를 정함.

6. **기타** 필요한 조치 및 워크숍 등에 대한 공지 등 필요한 사항을 논의.

기밀정보의 관리

프로젝트에서 킥오프 미팅만큼 중요한 것이 기밀정보의 관리다. 기밀정보의 엄격한 관리는 프로젝트 관리자의 중요한 의무사항 중 하나이다. 기밀정보의 교환, 수령, 제공은 프로젝트의 수행을 위해 반드시 필요하다. 기밀정보를 지키기 위한 합의서는 프로젝트의 진행을 위해 양 당사자가 알아야 할 필수 정보가 있는 경우 반드시 체결해야 한다. 기밀정보합의서 또는 비밀유지합의서Non-Disclosure Agreement 라고 부른다.

프로젝트 관리자는 기밀정보합의서를 법무팀의 검토를 받아 체결한 후에 기밀정보를 받거나 제공하도록 해야 하며, 그렇지 않은 경우 법적 분쟁에서 곤란한 상황을 겪을 수 있다. 기밀정보의 관리는 기밀정보합의서에 명시되어 있으며, 회사마다 다른 조건을 달기도 하나 대부분 비슷한 내용으로 이루어져 있다. 기밀정보합의서의 조건에 따라 수령하거나 이용하게 된 기밀정보만을 다루어야 추후 법적 분쟁의 소지를 피할 수 있다. 프로젝트 완료 후에는 기밀정보합의서에 명시된 바에 따라 파기하거나 상대방에게 반드시 반환해야 한다.

프로젝트를 성공적으로 수행했음에도 불구하고 기밀정보 유출 등 상호간에 합의된 기밀정보합의서 조건을 위반해 프로젝트 전반에 좋지 않은 영향을 주는 경우도 있다. 문제가 발생하면 반드시 사내 법무팀 혹은 변호사와 상의해 추후에 있을 법적 분쟁에서 문제의 소지를 최소화하도록 해야 한다.

때로는 이 기밀정보합의서의 체결 자체를 모르거나 이를 대수롭지 않게 생각한 프로젝트 관리자나 구성원이 기밀정보를 제3자에게 유출하는 경우가 발생하기도 한다. 이렇게 되면 상대 회사의 사업에 큰 지장을 줄 수도 있다. 당연히 상대방은 막대한 손해 배상을 청구할 것이다. 따라서 프로젝트 관리자는 기밀정보합의서를 체결했다는 것을 프로젝트 구성원들에게 알리고 이에 따른 정보 관리 의무에 최선을 다하도록 해야 한다.

성공을 결정하는
계약 수정과 분쟁

　프로젝트는 언제나 계획된 대로 진행되지 않는다. 프로젝트 진행 전에 알지 못했던 사항들이 나올 수도 있고, 더 나은 아이디어를 적용하고 싶어 하는 상대방을 만날 수도 있다. 정해진 업무 범위를 줄이거나, 혹은 확장해야 하는 경우도 생기게 된다. 이렇게 되면 계약을 수정해야 한다.

　때로는 프로젝트를 더 이상 진행하기 어려운 상황이 발생하기도 한다. 이런 경우에는 어쩔 수 없이 계약을 해지해야 한다. 불행하게도 서로가 원만하게 합의하기 어려운 상황이 발생하면 분쟁으로 이어지고, 최악의 경우 소송으로 번지기도 한다.

　P사의 프로젝트 관리자인 홍 부장은 현재 소규모 담수화 플랜트를 진행하고 있다. 홍 부장은 현재 진행하고 있는 프로젝트를 성공시키기 위

해 많은 노력을 하고 있다. 이 프로젝트가 성공한다면 홍 부장 입장에서는 P사 내에서 프로젝트 관리자로서 성공적인 경력을 쌓게 된다. 회사 입장에서도 다른 나라와의 계약에 중대한 영향을 미칠 프로젝트라 홍 부장에게 거는 기대가 크다. 프로젝트의 완성도 중요하지만 이 프로젝트를 발주한 I국 수자원청의 만족도도 매우 중요하다. 이 수자원청이 만족해야만 다음 프로젝트의 수주는 물론 홍보효과도 크기 때문이다.

당연히 홍 부장은 수자원청의 담당자들과 좋은 관계를 유지하고 있다. 수자원청의 상대방 프로젝트 관리자는 토마스다. 그는 홍 부장의 프로젝트 관리 능력을 높이 사고 있다. 홍 부장과 토마스는 이 프로젝트에 대하여 허심탄회하게 협의하던 중 프로젝트의 완성도를 더 높이기 위해 이 담수화 플랜트의 일부 기능을 변경할 필요가 있다는 것에 대해 논의하게 되었다. 홍 부장은 이 변경 사항이 기술적으로 큰 문제가 없을 뿐 아니라, 업무 조정만 하면 되는 일이라 생각했다. 하지만 이 일부 변경을 위해 계약서를 꼭 수정해야 하는 지에 대해서는 부정적이다. 프로젝트 변경에 드는 비용은 그리 크지 않을 것 같았고, 그 비용도 다른 쪽에서 조금 조정하면 될 듯 했다. 굳이 상대방 수자원청에게 불편한 일을 만들 필요도 없다는 생각에 홍 부장은 이 변경 사항에 대해 토마스와 합의하고 변경된 내용대로 진행했다.

그러나 변경 사항을 제대로 수행하기 위해서는 사실상 비용이 더 필요했고 홍 부장의 생각처럼 비용 조정이 되지도 않았다. 비용도 비용이지만 프로젝트 공정에도 영향을 주기 시작했다.

전체 프로젝트는 거의 3개월이나 지연되었다. 지체 배상금은 수자원청과의 협상으로 어느 정도 합의가 되었다. 그러나 기능 변경으로 인한 전체 비용의 증가에 대해서는 I국 수자원청도 추가적인 청구에 대해 거부했다. 우선 이 기능 변경에 대해 어느 누구의 요청으로 이루어진 것인지 불분명했고, 계약서나 수정합의서 형태로 진행된 것도 아니며, 가격 조정에 대한 어떠한 서면 자료도 남아 있지 않았기 때문이다.

프로젝트를 성공적으로 마무리하는 것은 물론 중요하다. 그리고 프로젝트를 수행하다 보면 이 프로젝트처럼 업무, 범위, 기능 혹은 적용될 기술을 변경하는 경우가 종종 있다. 그 경우 프로젝트 관리자로서는 상대방과의 관계, 현재 진행되는 프로젝트에 대한 잘못된 확신, 혹은 자신의 권한에 대한 오해 등으로 인해 계약상의 수정 절차 없이 변경 사항을 프로젝트에 적용하는 경우가 많다.

하지만 변경 사항은 프로젝트 관리자가 생각하는 것보다 훨씬 큰 비용 및 일정상의 영향을 미치는 경우가 많다. 당황한 프로젝트 관리자는 이를 스스로 해결해 보려 하나, 상황은 더 악화된다.

좋은 의도를 가지고 프로젝트를 수정했으나 결국 상황은 나빠지고, 상대방은 계약상에 수정합의서 형태 등으로 반영되지 않았기 때문에 책임을 지지 않으려 한다.

프로젝트를 수행하다 보면 계약을 수정해야할 때가 있다. 계약을 체결할 때는 이런 경우를 대비해 프로젝트 변경 절차를 반드시 마련해 두어야 한다. 그렇지 않으면 추후 프로젝트 변경 자체가 어렵거나 아무런 절차 없이 프로젝트가 변경될 수도 있다.

프로젝트를 변경하면서 발생하는 리스크는 크게 두 가지다. 프로젝트 변경으로 인한 전체 비용의 증가와 일정의 지체 가능성이다. 이는 프로젝트 계약 내용에 큰 변화를 가져오게 된다. 따라서 프로젝트 관리자는 해당 프로젝트의 변경이 프로젝트 일정을 지연시키는지와 비용을 상승시키는지에 대해 세세하게 분석해 계약에 반영해야 한다. 이 사항은 발주자 입장에서도 계약 변경을 통해 계약금액 인상이나 프로젝트 일정에 대해 분명히 합의해 두어야 또 다른 분쟁을 겪지 않게 된다.

계약서 자체를 수정할 것인지, 아니면 계약에 큰 무리가 따르는 사항이 아니라면 수정합의서 정도만 작성할 것인지도 고민거리이다. 어떤 문제까지는 수정사항으로 하고 어느 범위를 넘어서는 문제부터는 계약 수정으로 하자는 식의 내용도 미리 서면으로 합의해 정리해 두는 것이 좋다.

프로젝트와 분쟁

아무리 사이좋게, 친밀하게 프로젝트를 시작했다 하더라도 도중에 서로간의 이견이 발생하고 이를 원만하게 협의 하지 못할 경우, 분쟁으로 이어 지게 되고 종종 소송으로까지 번지게 되는 경우도 많다.

중동 등지의 해외 건설 프로젝트도 예외는 아니다. 소송까지 이어져 프로젝트 전문 변호사들이 투입되는 경우도 많다. 하지만 변호사들이 국내 건설사의 의뢰를 받아 현장에 가보면 도움 되는 자료들을 찾기가 어렵다고 한다. 상대방 프로젝트 관리자 혹은 담당자와 주고받은 이메일은 물론이고, 회의록 등 기록물들이 제대로 관리되어 있지 않고 여기저기 흩어져 있거나 아예 없는 경우도 많다고 한다. 그럴 경우 유리한 자료도 찾을 수 없기 때문에 상대방과의 협상, 중재, 소송에서 불리한 위치에 설 수밖에 없다고 한다.

프로젝트 관리자는 항상 만일의 경우를 대비해야 한다. 평소 문제가 있든 없든 기록들은 보관해야 한다. 현장에서 일하다 보면 매우 바쁘고 정신이 없어 자료들을 제대로 관리하지 못했을 수 있다. 하지만 그 기록물들을 제대로 관리한다면 예상치 못한 회사의 손실을 막을 수 있다. 중요하든 사소하든 자료의 관리는 매우 중요하며 공문이나 사소한 이메일 모두 상호간의 분쟁이 발생하면 참고 자료가 된다. 어느 정도 규모가 있는 회사라면 계약 관리자를 현지에 파견하고 임명(가능하다면 현지 채용)해서 계약과 관련된 다양한 관리 업무를 맡기는 것도 좋다.

계약 해지

분쟁도 합의하고, 계약서의 내용도 수정해 가면서 프로젝트를 진행한다 하더라도 가끔은 더 이상 진행이 불가능한 경우도 있다. 프로젝트의 성공은 이미 요원하고, 진행 자체도 큰 의미가 없을 수도 있다. 이때 양 당사자들은 계속 진행할 것인지 말 것인지 결정을 내려야 한다.

모든 구성원들의 노력에도 불구하고 프로젝트가 정상화 되지 않거나, 애초에 설정했던 기술 자체에 문제가 있었거나, 교체하기 힘든 주요 부품, 재료, 소프트웨어에 중대한 결함 혹은 문제가 있을 때가 그러한 예이다.

이때는 프로젝트 중단에 대한 책임이 누구에게 있는지가 중요하다. 만약 발주자의 책임이라면 수주자에게 계약 해지 비용, 이미 진행된 것들에 대한 인수 책임 등을 배상해야 할 것이고 수주자의 책임이라면 손해배상 책임을 포함, 원상복구의 책임을 져야 한다.

어쨌든 서로 계약을 해지해야할 때는 당사자 모두 매우 좋지 않은 상황을 겪게 된다. 부푼 기대를 안고 시작한 프로젝트에 큰 문제점이 있어 중단해야 한다는 사실은 누구나 받아들이기 쉽지 않을 것이다.

계약 해지 사항은 막대한 금전적 문제가 걸려 있어 서로 간에 첨예한 분쟁으로 이어질 수 있으므로 조심해야 한다. 따라서 프로젝트 관리자는 각 당사자의 책임 여부를 판단하는데 유리하도록 앞서 언급한 분쟁의 사례처럼 각종 자료, 이메일 등을 잘 관리해야 한다. 관련 자료를 정확하고 많이 확보한 쪽이 유리한 입장을 차지 할 수 있다.

프로젝트는 상대방과
서면으로 합의한 대로

"Stick to the contract !!"

프로젝트의 성공 법칙에 대해 어느 프로젝트 관리자가 한 말이다. 계약에만 한정해서 프로젝트를 관리하라는 말이다. 이 말이 나온 이유는 역설적으로 프로젝트 관리자들이 상호간에 서면으로 합의한 대로 프로젝트를 진행하지 않기 때문일 것이다. 아마 이 말을 한 프로젝트 관리자도 이전에 서면으로 합의한 계약서대로 프로젝트를 진행하지 않아 고생했었는지도 모른다. 아예 계약서를 보지 않고, 어디에 계약서가 있는 지도 모르는 프로젝트 관리자라면 꼭 기억해야 할 말이다.

I사의 김 사장은 증권사 SW를 전문으로 지난 5년간 회사를 키워 왔다. 2차 하도급 업체로 여러 가지 코딩 업무를 위탁 받아 솔루션을 개발하던 김 사장은 마침내 우리나라 굴지의 K증권사와 '증권-은행간 연계

처리 SW 개발'을 발주 받게 되었다.

김 사장은 사실 기술적 경험과 지식을 가진 엔지니어였다. 그는 2차 하도급을 받아 기술적 문제를 해결해 주면서 경륜을 쌓아 왔고, 회사 간의 큰 다툼은 경험해 본 적이 없다. 김 사장이 생각하는 회사 간의 거래는 신뢰와 믿음을 바탕으로 업무를 진행하는 것이다. 그래서 인지 김 사장은 그동안 계약서 내용을 제대로 작성해 본 적이 없다.

김 사장은 증권사와 처음으로 직접 계약을 한다는 것에 무척 고무되어, 계약서 내용도 제대로 보지 않고 K증권사와 계약을 체결하였다. I사가 하는 업무 내용은 김 사장이 K증권사 담당자와 의논한 바에 따라 기술했다.

프로젝트가 끝나갈 무렵 K증권사는 검수를 하다 클레임을 걸었다. 계약 내용과 다르다는 것이다. K증권사 주장은 증권사와 은행간 모든 상호 연계 처리 업무 SW라는 것이고, 김 사장의 주장은 증권사와 은행간 계좌 이체 연계 처리 업무라는 것이다. K증권사 담당자와 김 사장간의 협의에서는 계좌 이체에 대해서만 논의를 했지만, 실제 계약서에는 '모든'이라는 단어가 명시된 것이 문제의 발단이었다.

김 사장은 이 '모든'이라는 단어에 넋이 나갈 지경이었다. 계좌 이체 연계만 할 때와 달리 모든 업무의 연계 처리를 위해서는 개발 비용이 5배는 더 증가하기 때문이다. K증권사는 계약 내용대로 이행해 달라는 공문만을 반복해서 I사에 보내왔다.

담당자간의 업무 이해만을 바탕으로 한 프로젝트 진행은 너무나 위험하다. 모든 프로젝트가 그렇듯이 문제가 생기면 계약서에 명시된 내용을 참조한다. 이 경우처럼 계약서 작성에 다소 경륜이 없거나, 계약 내용이 매우 중요한 프로젝트의 경우 반드시 전문가의 참여가 필요하다. 계약서상의 한 단어, 한 문구가 비용이나, 상호간의 권리에 막대한 영향을 초래할 수 있기 때문이다.

물론 상대를 신뢰하여 믿음으로 프로젝트를 수행하는 것은 중요하다. 그러나 상호합의 내용에 대해서는 반드시 서면으로 확인하여야 한다. 글로 충분히 표현되고 명시되고 또 확인된 것이 아니라면 나중에 문제가 생길 경우 필연적으로 분쟁으로 이어진다. 상호간에 좋은 감정과 신뢰로 시작한 프로젝트가 이해 부족이나, 오해로 인해 불화나 분쟁으로 이어 지는 것은 곤란하다. 그러한 일을 방지하기 위해서는 최소한 업무 범위나 품질에 대해 명확한 언어로 표현해 두어야 하며, 전문가를 참여시켜 다시 한 번 확인 받는 것이 필요하다.

프로젝트가 실제 실행 단계에 들어갔을 때, 간혹 상대와 합의한 대로가 아닌 다른 방향으로 가는 경우가 많다. 상대와 합의한 업무 범위나 품질이 달라진다는 의미이다.

숫자로 표시된 완성 일자에 대해서는 서로 잘못 이해할 가능성이 낮다. 완성 일자가 공휴일일 경우 그 날짜로 할 것인지, 아니면 그 다음 평일로 할 것인지에 대한 의견차나 정확한 날짜가 아니나 며칠 이내 등으로 할 경우 업무 일수로 계산할 것인지 등만이 문제가 된다.

그러나 업무 범위에 대해서는 서로 합의한 내용이 분명하지 않거나, 합의한 사항과 계약서 등 서면 자료에 명시된 내용이 다를 경우 프로젝트를 성실히 수행했음에도 불구하고 분쟁이 생길 수 있다. 프로젝트를 수행한 당사자 입장에서는 시간과 노력, 들어간 비용에도 불구하고 업무 범위, 내용에 대한 오해나 불일치로 인해 상대로부터 인정받지 못한 경우, 금전적 손해와 더불어 신뢰도 잃을 수 있다. 원통하고 안타까운 일이 되는 것이다. 프로젝트를 의뢰한 상대방 입장에서도 원하는 업무 범위와 내용대로 프로젝트가 수행되지 않은 것이 되므로 기다린 시간과 이로 인한 순차적인 손해가 발생할 수 있다. 또한 상대와의 분쟁을 감수하여야 한다. 원하지 않은 결과물에 만족할 수는 없지 않은가.

품질 또한 문제가 될 수 있다. 프로젝트의 목적물이 복잡한 시스템이나, 건축물, 대규모 공장, 소프트웨어가 되는 경우, 프로젝트 관리자는 엔지니어 출신이거나 공학도 출신인 경우가 많은데 그 직업적, 학문적 배경상 자신이 할 수 있는 최선의 작품을 만들기 위해 노력하는 경우가 많다. 그러나 프로젝트의 목적물은 어느 특정 수준의 품질을 만드는 것이지 예술가처럼 생애 최고의 작품을 만드는 것이 아니다. 따라서 품질의 수준이나 특성에 대해서는 상대방과 분명한 합의를 하고 이를 계약서에 분명하게, 충분히 서술하여 명시하는 것이 좋다. 그렇지 않은 경우 상대방이 원하지 않는 수준(너무 높거나, 너무 낮거나)의 품질을 추구하다, 더 많은 원가를 소모하거나 완성 기일을 놓치게 되어 상대방으로부터 인정도 받지 못하면서 지체배상금을 물게 되는 경우가 종종 있다. 이는 프로젝트 관리자로서 엄청난 실패를 의미하는 것이다. 자신이 추구한 최고의 품질을 위해 시간과 노력을 쏟아 부었어도 결국 실패한 프로젝트 관리자가 되는 것이다. 이 또한 원통하고 안타까운 일이 된다.

왜 이런 오해가 발생하는 것일까? 그 이유 중 하나는 업무 범위나 품질, 성능 그리고 시스템을 나타내는 언어의 불명확성에 있다. 복잡한 프로젝트의 목적물이 공학적 기술을 요하거나 혹은 과학적 원리가 필요한 경우 프로젝트 관리자를 포함해 대부분의 프로젝트 구성원들은 엔지니어 출신 혹은 공학적 배경을 가진 사람들이 많다. 이런 사람들은 문어체적 언어를 사용한 경험이나 표현 기술이 충분하지 않은 경우가 많다. 이게 때로는 매우 심각하고 원천적인 문제를 일으킬 수 있다. 프로젝트 목적물에 대한 언어적 표현을 등한시 하거나 충분히 명시하지 못해 상대방이 원하는 것과는 다른 목적물을 만들게 되는 것이다. 상대방도 언어적 표현에 충분한 기술이나 경험이 부족한 경우 상황은 더 어려워 질 수 있다.

그렇다고 언어적 표현이 능숙한 직업을 가진 사람들, 예를 들어 변호사인 경우 이러한 문제를 완전히 극복할 수 있을까? 그것도 아니다. 프로젝트 목적물의 기술적 특성이나 업무 범위의 공학적 사항을 충분히 이해하기 어려운 경우가 많다. 그럴 경우 기술적 사항을 명료하게 언어로 표현하기 어려운 경우가 나타난다.

기술적으로 복잡하거나 공학적 지식이 요구되면서 법적으로도 명확한 표현이 요구되는 경우에는 기술 분야의 프로젝트 구성원이 변호사나 법무팀 혹은 계약 관리자와 협력하여 프로젝트의 업무 범위와 품질에 대해 명확한 언어로 계약서 등에 표현하는 것이 중요하다.

프로젝트의 완성도를 높이고, 상대와 합의한 대로의 프로젝트를 무리 없이 진행하기 위해서라도 기술적 배경과, 법적 그리고 언어적 기술이 풍부한 인력을 찾거나 조직 내에서 양성하는 것이 필요한 때이다.

수익을 만드는
프로젝트 관리자

공적인 사업이거나 수익을 내지 않아도 되는 프로젝트를 제외하고 프로젝트 관리자의 능력은 프로젝트의 성공과 그에 따른 수익률로 결정된다. 비용과 일정 및 품질에 맞추어 프로젝트를 완료하면서 계획한 대로의 수익을 나와야 하는 것이다. 만일 계획한 수익보다 낮은 수익이 나온다면, 이는 뭔가 잘못된 부분이 있다는 의미이다.

K주식회사는 국내외에서 도로 공사 하도급 일을 주로 하며, 성실함과 기술력으로 꾸준히 성장해온 회사다. 최근 조금 더 규모를 키워 말레이시아 M-12 지역 도로의 주도급사가 되기로 계획을 세우고 수주 전략을 짜게 되었다.

K사가 예상한 공사 금액은 약 9천억 원. 이 9천억 원은 공사원가 약 7천억 원, 리스크 대비 비용 약 1천억 원에 수익 약 1천억 원이 포함된

것이다.

그러다 이 공사에 중국의 R사라는 최근 중국 내에서의 막대한 물량들로 급성장하는 회사가 참여한다는 것을 알게 되었다. R사도 회사 이미지와 앞으로의 말레이시아 진출을 목적으로 이 수주전에 뛰어든 것이었다.

두 회사 모두 입찰가를 제시했고, R사가 이 공사를 7천 100억 원에 가져갔다. K사 입장에서는 말도 안 되는 금액이었다. 중국의 경쟁력 있는 인건비를 감안하더라도 R사에게도 부담스러운 금액이다. 만일 예상하지 못한 위험이 발생하거나, 관리상의 문제가 생기면 곧바로 적자로 돌아설 것이다.

약 1년 6개월 후, K사는 R사가 수주한 M-12 지역 프로젝트에 대해 좋지 않은 소식을 접하게 되었다. 현지 사정을 잘 모르는 R사가 이 프로젝트를 수행하다 예상치 못한 토질과 기후, 그리고 현지 노동자들과의 마찰로 공사 일정에 상당한 차질을 빚었다는 것이다. 이 공사는 예상 일정보다 100일 늦게 완공이 되었고, 이에 따른 지체배상금과 공사비 증가로 인해 최소 1,500억 원 가량의 손해를 입었다고 한다.

K사 입장에서는 이 공사에서 탈락하고 브라질의 B-35 구역 도로 공사 프로젝트를 수주한 것이 다행이었다. (당시 K사는 두 지역에서 동시에 프로젝트를 진행 할 여력이 없었다.) 브라질 공사에서도 K사는 리스크 대비 금액과 수익을 감안한 입찰가를 냈었다. 이 공사를 기반으로 K사는 한 단계 더 올라설 것이다.

일반적으로 상업적인 프로젝트라면 수익을 내는 것이 정상이고, 그래야만 상업적인 조직이 지속적으로 새로운 프로젝트를 해나갈 수 있다. 상업적 프로젝트가 처음부터 수익을 예상 할 수 없거나 예상하지 않았다면, 곧바로 큰 어려움에 직면할 수 있다.

프로젝트 관리자의 궁극적인 목표는 무엇인가? 개인 사업자든 조직에 소속된 프로젝트 관리자든 궁극적인 목표는 프로젝트를 수행함으로 얻는 보람도 있고 성취감도 있겠지만, 무엇보다 수익을 내는 것이다.

일반적인 프로젝트라면 시작하기 전에 계약을 하고, 그 금액이 정해져 있을 것이다. 간혹 시간당 요율이 정해져 있고, 시간에 따라 금액이 정해지는 경우도 있다. 이런 경우가 아니라면 계약서에 서명할 때 이미 계약 금액은 정해지게 된다. 그리고 거기에서 예상 총 비용을 제한다면 예상 수익금을 계산할 수 있다. 그러나 다소 리스크가 많은 프로젝트인 경우 적지 않은 금액을 컨틴전시contingency로 미리 제하여 둔다. 컨틴전시는 리스크에 대비해 쓸 금액을 미리 준비하는 것이라 보면 된다.

그러한 공식은 아래와 같이 간단히 표현해 볼 수 있다.

총 예상 수익 = 총 계약금액 – 총 비용 – 리스크에 대비한 컨틴전시

따라서 수익 측면에서는 얼마나 많은 금액으로 계약을 체결했는지, 비용은 얼마나 정확하게 미리 계산한 것인지, 리스크에 대비한 컨틴전시는 얼마나 정확하게 계산했는지 매우 중요하다.

계약금액을 낮게 책정하였거나, 비용에서 누락된 것이 있거나, 혹은 리스크를 너무 낮게 생각해 프로젝트 도중에 더 많은 예산이 소요된 경

우 총 수익은 낮아지게 된다. 이러한 노력들은 계약 체결 이전에는 프로젝트 수주와 계약 협상에 참여하는 프로젝트 관리자의 성과에 많이 좌우 될 것이다.

계약 전에 예상 했던 수익보다, 프로젝트 수행 상의 성과로 더 많은 실제 수익이 발생한다면 프로젝트 관리자로서는 프로젝트 수행을 아주 잘 한 것이 된다. 이런 경우의 프로젝트 관리자는 더 나은 방법과 기술로 비용을 덜 사용했거나, 리스크 관리 활동을 아주 잘 해, 계약 체결 시 미리 계산했던 컨틴전시를 덜 사용하게 되었거나 한 경우가 될 것이다.

총 실제 수익 〉 총 예상 수익

만일 아래와 같은 경우가 발생 하였다면, 프로젝트 관리자로서 바용 관리 및 리스크 관리 측면에서 다소 미흡한 점이 있었거나, 혹은 저가 수주나 저가 계약으로 부실한 계약을 체결하였다는 증거가 될 것이다.

총 실제 수익 〈 총 예상 수익

이러한 간단한 공식의 사용은 프로젝트의 수익 관리를 위하여 어떻게 계약 금액을 정해야 하며, 컨틴전시가 왜 중요한지를 설명할 것이고, 또한 프로젝트 관리자의 성과를 측정해 보는 하나의 기준이 될 수 있을 것이다.

프로젝트 단계와
협상력

프로젝트와 관련해 영업을 하든, 발주사나 법무팀에서 일을 하든 협상력은 모든 담당자가 반드시 갖추고 있어야 할 공통된 역량이다. 이에 대해서는 아무도 부인하지 못할 것이다. 특히 프로젝트 관리자의 협상력은 프로젝트에 큰 영향을 미치게 되며 협상 역량이 어느 정도인가에 따라 상당한 손익 차이가 생기게 된다.

그러나 회사에서는 다르게 이해하는 경우가 많다. 협상력과 관계없이 회사 간의 힘의 차이나, 영향력의 차이에 따라 어쩔 수 없이 피해를 보는 경우가 생긴다는 것이다. 그 차이는 회사마다 다르겠지만 회사가 그 역량에 얼마나 관심을 가지고 키워 나가는 가에 따라 협상력의 차이는 점점 벌어지는 경향이 있다.

회사나 조직은 이러한 협상력이 단순히 개인이 알아서 키워야할 역량이 아니라, 프로젝트의 성공을 위해서 전략적으로 키워나가야 할 역량으로 이해하고 지속적인 교육 등을 통해 회사 및 조직 구성원들의 협상 역량을 키워 나가야 할 것이다.

협상력은 비즈니스의 성패 뿐 아니라 손익에 직접적으로 영향을 준다. 특히 프로젝트에 있어 상호간에 잦은 충돌과 이해관계의 대립은 협상력에 따라 상호 윈윈win-win할 수 있는 관계를 형성할 수도 있다. 대부분의 프로젝트들이 문제를 일으키고 있거나 문제의 소지를 항상 안고 간다는 측면에서 프로젝트 관리자의 협상력은 문제를 최소화하고 상대방과의 관계를 발전시켜 나가는데 도움을 줄 수 있다. 이런 경험은 많은 프로젝트 관리자들이 가지고 있을 것이다. 내가 협상력이 없거나 혹은 심지어 협상을 하고 싶지 않는 경우에는 상대방이 요구하는 것을 그대로 들어 주거나 혹은 내가 상대에게 강요한다. 그렇게 되면 상대와의 관계가 나빠지는 것은 물론이며 내가 궁극적으로 취하고자 하는 것을 얻기 어렵게 된다. 협상력은 이와 같이 프로젝트의 전과정에서 중요하며 성공과 항상 직결되는 경우가 많다.

프로젝트 단계와 협상력

흔히 우월한 지위에 있는 발주자 혹은 고객의 경우, 프로젝트 발주에서 계약을 거쳐 프로젝트가 완료되는 순간까지 강력한 협상력을 계속 유지할 것이라고 생각하는 경향이 있다. 발주 초기 혹은 계약 이전단계를 생각해 보라. 수주를 따내고자 하는 잠재적인 수주사들의 경쟁이 치열할수록 발주사는 더 느긋하고 더 강력한 협상력을 가지게 된다. 반면에 수주사들은 발주사로부터 수주를 따내고 계약체결까지 이어 지기 위해 발주사의 요구와 취향에 맞추도록 노력한다.

그러나 일단 계약이 체결되고 프로젝트가 시작되면 상황은 달라진다. 언제나 수세에 있을 것 같았던 수주사가 점차 협상력이 강해지기 시작 하다. 발주사 입장에서는 프로젝트를 완성까지 끌고 가기 위해 수주사의 눈치도 어느 정도 보아야하는 처지가 된다.

프로젝트가 중반부를 지나 완성단계에 가까워질수록 수주자의 협상력은 시간이 경과함에 따라 점차 커지게 되며, 발주자의 협상력은 점차 약화된다. 발주사의 입장에서는 수주사를 휘두르는 것이 목적이 아니기 때문에 수주사가 역량을 잘 발휘하여 프로젝트의 목적을 잘 달성할 수 있도록 도와야 한다.

프로젝트 관리자는 상황 변화에 따른 협상력의 변화를 잘 이해해야 한다. 또 여러 가지 협상 기술도 잘 알고 있어야 한다. 아무리 협상에 대한 관심이 없더라도, 프로젝트 관리자라는 직책을 맡고 있는 동안에는 반드시 협상에 임해야 할 경우가 생기게 된다. 프로젝트 관리자가 스스로 협상력을 키워나가고 회사에서도 이러한 역량을 중요성을 인식하고 지원해준다면 프로젝트에서의 많은 문제와 충돌을 보다 쉽게 해결해 나갈 수 있다. 더불어 상호간의 관계를 지속적으로 개선시켜나가며 프로젝트의 수익성을 개선할 수 있다.

제6장

완료

| 핵심요약 |

＊완료 단계에서의 검수는 프로젝트를 마쳤다는 상호 간의 합의를 뜻한다.

＊검수를 할 때는 발주자와 수주자 모두를 만족시키는 뚜렷한 조건을 정해야 한다.

＊트러블 프로젝트 상황에서는 이를 복구하기 위한 신속한 상황 대처 능력이 필요하다.

프로젝트의 완성,
검수

프로젝트의 최종 단계는 검수다. 검수는 계약상의 검수 조건에 최종 완성물이 부합하는지 상호간에 합의를 이루는 것이다. 프로젝트를 실질적으로, 그리고 행정적으로 완료시키는 중요한 단계이며, 이 검수 조건을 만족시켜야만 프로젝트를 수행한 당사자가 마지막 대금을 지급받을 수 있게 된다. 하지만 이 검수 조건은 계약 단계에서는 중요하게 다루어지지 않다가 나중에 중요하게 여기지는 것이 일반적이다. 그리고 이 단계에서 서로 낭패를 겪는 경우도 많다.

프로젝트 검수 조건을 계약서에 명시할 때, 상대방의 강력한 요구 때문인지 검수조건을 상대방에 일방적으로 유리하도록 명시한 경우를 가정해보자. 검수 조건을 객관적인 기준으로 하지 않고, 상대방의 주관적인 판단이 개입되는 조건으로 명시한 것이다. 이러한 상황은 현실에서도 자주 발생한다.

계약 추진팀과 프로젝트 추진팀 간에 의사소통이나 협업이 잘 이루어지지 않는 경우에도 검수 조건이 불리할 때가 많다. 계약을 추진하는 팀은 검수 조건의 중요성에 대해 잘 인식하지 못하고 상대방에게 쉽게 양보하기도 한다. 그러나 프로젝트를 추진하는 프로젝트 관리자의 입장에서는 검수 조건이 잘못된 경우 프로젝트를 성공적으로 종료하는 것이 매우 어려워진다.

계약 당시에는 계약을 체결하기 위하여 이러한 조건을 받아들여야 한다고 생각하는 수주자가 사실상 많을 것이다. 수주를 무리 없이 하고, 상대방의 기분을 상하지 않게 하는 것이 좋을 것이라는 생각에 검수 조건도 상대방이 좋아할 만한 조건으로 정하는 것이다. 하지만 그렇게 되면 검수 단계에서 상대방과 분쟁을 겪을 가능성도 커진다. 특히 발주자의 주관적인 판단이 개입되는 검수 조건은 최종 완성물에 대한 이의 제기를 많이 만들어낸다. 발주자의 입장에서는 주관적인 판단의 여지가 있으므로 더 마음에 드는 최종 완성물을 제공받기 위하여 검수를 쉽게 해 주지 않는 쪽을 선택하는 것이다.

불분명한 검수 조건은 사실 서로에게 큰 짐이 된다. 엄격한 검수 조건이 발주자에게는 유리하다고 생각할 수 있겠지만 반대로 부담이 되기도 한다. 엄격한 검수 조건으로 완성된 프로젝트를 검수해 줄 수 없는 상황이 발생할 수도 있기 때문이다. 반대로 수주자가 프로젝트의 완성도를 높이기 위해 지나치게 높은 조건을 스스로 걸기도 한다. 검수 조건은 '불후의 명작'을 만드는 조건이 아니라 계약대로 프로젝트가 완료되었는지 확인하는 수단이어야 한다.

즉 검수조건은 업무 범위대로 프로젝트를 수행했다면 아무 문제없이 상호 합의할 수 있는 것이어야 한다. 그러기 위해서는 업무 범위 또한 잘 정의되어야 하겠지만 업무 범위 못지않게 검수 조건 또한 최상의 완성물이 아닌, 업무 범위와 정의된 품질만큼의 완성물이 나오는 것에 대한 조건이 되어야 한다.

상대적으로 높은 수준의 검수 조건은 수주 경쟁이 치열한 경우 더 쉽게 나타날 수 있다. 수주 경쟁이 치열한 상황에서는 상대방 보다 더 나은 최종 완성물을 제공할 것이라는 기대를 발주자에게 심어 주어야 한다. 그러지 않으면 경쟁에서 밀리기 쉽다고 생각하게 된다. 그러나 그렇게 프로젝트를 수주하게 되면 '승자의 저주'가 나타난다. 이는 프로젝트 비용을 높이는 결과를 초래하고, 또한 검수가 지연되는 결과를 만든다. 검수가 지연되는 문제는 지체배상금과도 관련이 되어 있다. 프로젝트 비용 증가에 지체배상금, 더하여 대금 지급까지 늦어지게 되므로 프로젝트를 수행하는 당사자 입장에서는 매우 큰 고통이 될 수 있다. 이처럼 잘못된 검수 조건은 수주자에게 상당한 피해를 입히게 된다는 것을 알아야 한다.

계약을 서둘러 체결하고자 하는 욕심에 프로젝트가 어느 정도 잘 마무리 된다면 별 문제 없을 것이라는 잘못된 판단으로 불분명한 조건을 추가하는 것에 합의하기도 한다. '무조건 만족시킨다'는 검수 조건은 최악이다.

프로젝트를 진행하는 당사자로서는 검수 조건 만큼은 쉽게 상대방에게 양보해서는 안 될 것이며, 프로젝트 관리자는 프로젝트를 진행하면서 항상 검수 조건을 염두에 두고 이 검수 조건에 부합하는 최종 완성물을 만들어 가야 한다.

검수에 대한 프로젝트 관리자의 주의는 아무리 강조해도 지나치지 않다. 검수는 프로젝트의 마지막 단계다. 프로젝트를 완료했다는 상호간의 합의이며 상대방에게 청구서를 발행하게 하는 중요 조건 중의 하나다. 어떻게 본다면 프로젝트 전체 과정에서 가장 중요한 부분이다.

프로젝트의 완료는 검수 조건의 정의에 따라 좌우될 수 있다. 프로젝트 관리자가 관여한 계약에서는 프로젝트 관리자의 입장에서 더 분명하고 정확한 검수 시점을 명시할 수 있다. 따라서 가장 좋은 것은 계약서 작성 단계에서부터 프로젝트 관리자가 관여해서 검수 조건을 꼼꼼하게 살펴보는 것이다. 만일 프로젝트 관리자가 계약을 추진하는 팀과 함께 일한다면 검수 조건에 따라 자신이 프로젝트를 종료할 수 있는지 항상 체크해야 한다. 프로젝트 예산과 부합하는 지도 확인할 필요가 있다.

프로젝트 관리자가 완전히 배제된 상태에서 계약을 추진하는 팀만의 판단에 의한다면, 아무래도 프로젝트 관리 차원 보다는 프로젝트 수주 차원에 치중한 판단이 이루어 질 것이다. 다른 장에서도 수차례 언급한 것처럼 프로젝트 관리자는 프로젝트의 처음과 끝 모든 단계에서 관여하고 프로젝트를 관리하여 가는데 문제가 없는 지 확인하여야 프로젝트를 실제로 성공시켜 갈 수 있다.

트러블 프로젝트
살리기

모든 프로젝트 관리자와 관계자들은 프로젝트를 시작하기 전 부푼 기대를 안고 프로젝트가 무사히 성공적으로 끝나기를 바란다. 최소한 문제가 일어나지 않고 정해진 대로만 가더라도 안도할 것이다. 그럼에도 불구하고 절반 이상의 프로젝트들이 위기에 직면하는 경우가 많다.

예상했던 것보다 비용이 초과되거나 일정이 예상보다 지연되거나, 작업 범위가 변경 절차 없이 범위를 넘어서면 트러블 프로젝트라고 할 수 있다. 이런 사례는 프로젝트 관리 업무를 해 본 사람이라면 누구나 경험하고 있다.

문제는 이러한 트러블의 상황을 얼마나 잘 해결하는 가에 있다. 모든 프로젝트는 트러블이 발생할 수 있다는 가정 하에 트러블 프로젝트를 복구하는 절차를 마련해 두고 있다면 차후에 실제로 그런 일이 발생하더라도 당황하지 않고 대응하게 될 것이다. 그러나 아직 국내 회사들에서는 트러블의 상황을 예견하고 싶지 않아서 인지 트러블 프로젝트 복구 절차나 이에 대한 대응을 미리 준비하는 것은 그렇게 많지 않다.

그렇다면 트러블 프로젝트에 대하여는 어떤 대응 절차를 마련하는 것이 좋은가? 이에 대하여 공식적인 정답은 없지만 다음과 같은 절차를 생각해 보는 것이 좋겠다.

대부분의 프로젝트 관리자는 프로젝트의 진행 상황을 항상 모니터링해야겠지만 간혹 문제가 있는 상황을 너무 늦게 인지해 돌이킬 수 없는 지경으로 가기도 한다. 다음은 트러블 프로젝트에 대하여 어떻게 대응하는지에 대한 순서이다.

트러블 프로젝트 복구 단계

1. 트러블 프로젝트의 복구 시작

- 가장 먼저 해야 할 일은 문제 상황을 인지하고 이를 복구할 것인지에 대해 판단하고 합의하는 것이다. 프로젝트의 목적 자체에 문제점이 생겼거나 필요성이 약해진 경우 프로젝트를 중단하는 결정을 내릴 수 있다. 만약 조직에서 프로젝트가 현재 문제가 있다는 상황에 대해 동의하지 않거나 은폐하려고 한다면 프로젝트의 정상적 관리에 의구심이 생긴 상황이다.
- 프로젝트에 문제가 있음을 서로 동의하고, 트러블 프로젝트의 복구를 하기로 동의하는 경우 트러블 프로젝트 복구팀을 구성하고 복구계획을 수립한다.
- 트러블 프로젝트가 심각할 경우 복구 전문 프로젝트 관리자가 투입

될 수 있다.

2. 트러블 프로젝트의 원인 규명

• 관련 당사자와의 인터뷰, 문서 검토 등의 방법으로 문제의 발생 원
인을 규명하여 이에 대한 원인 보고서를 작성한다. 트러블 프로젝
트의 원인은 다양하게 나타난다. 따라서 관련자와의 인터뷰는 매우
중요하며 이를 통해 원인에 대한 실마리를 찾을 수 있다. 관련 문서
등도 면밀히 검토하여 프로젝트 진행 및 관리상의 오류가 없는 지
에 대하여 원인을 찾아야 한다.

3. 복구계획의 수립

• 현실적인 복구 계획의 수립과 새로운 기준선^{Baseline}을 설정한다. 트
러블 원인 규명 보고서 내용을 토대로 원인을 찾고 이를 해결할 새
로운 트러블 프로젝트 복구팀을 구성한다. 프로젝트가 트러블 상태
이므로 가능한 신속하고 무리 없이 정상적인 프로젝트 상태로 돌아
가야 한다. 그래서 복구계획은 현실적이어야 하며, 이미 정상적 상
태를 벗어난 베이스라인 대신 새로운 베이스라인을 설정한다.

4. 복구계획에 따른 복구의 실행

• 복구 계획에 따른 프로젝트의 수정 및 변경을 조치하고 필요한 추
가적인 자원을 투입한다. 복구 진행 과정을 면밀히 관찰한다. 원인
이 규명되고 또한 해결 방법을 통한 복구 계획에 따라 복구를 실행
한다. 이 경우, 프로젝트를 원상태의 계획이 아닌 프로젝트의 수정

혹은 변경이 필요할 수 있다.

5. 정상 프로젝트로 이전

- 복구의 실행에 따라 트러블 프로젝트가 정상으로 복구 되면 정상 프로젝트 팀으로 프로젝트 관리를 이전한다. 정상 프로젝트로 이전 될 때까지의 복구 단계에서의 모든 수행 행위를 면밀하게 기록한다.

상기의 다섯 단계로 트러블 프로젝트에 대한 복구 절차는 설명할 수 있다. 그러나 이것은 하나의 예시이며 이보다 더 복잡하거나 강력한 조치도 수반될 수 있다. 이러한 트러블 프로젝트 복구 과정은 언제든지 항상 일어날 수 있기 때문에 잘 정리해 두는 것이 필요하고, 정리된 정보를 바탕으로 다른 프로젝트에서 트러블이 발생하지 않도록 조치하는 것이 매우 중요하다.

트러블 프로젝트를 인지하고 원인을 규명하고 복구하는 과정은 모든 프로젝트 관리자가 겪을 수 있는 것이다. 때문에 누구나 이를 빠르게 대처할 수 있는 기본적인 능력을 갖추고 복구 프로세스를 정립해 둬야 한다.

프로젝트 관리자라면 이 책에서 다루는 모든 트러블 상황들과 이를 예방하고 복구하는 방법들에 익숙해져야 하며, 이를 다양한 관점에서 보면서 문제점들을 점검하고 원인을 밝힐 수 있어야 한다. 프로젝트는 기술적인 부분만으로 성공할 수 없고 입체적인 역량과 접근으로 관리해야 트러블이 생겼을 때 유연하고 신속하게 대처해 성공으로 이끌 수 있다.

입체적으로 프로젝트를 관리하기 위해서는 기술적인 요건도 중요시해야 하지만 필수 역량(예를 들어 앞서 언급한 재무적 기초 지식, 협상, 리더십, 창의적 문제 해결 능력 등)을 비롯해 위기 상황에 대한 대처 능력과 경험이 필요하다. 이 역량들을 고루 갖추고 트러블 프로젝트를 해결하고자 하는 강한 의지가 있으면 심각한 트러블 프로젝트 상황에서도 순조롭게 일을 마칠 수 있다.

이를 위해 프로젝트 관리자는 스스로 필요한 역량을 파악해서 꾸준히 길러야 할 것이며 회사나 조직에서도 지속적으로 프로젝트 관리자들의 역량을 확인하고 역량 강화를 위한 교육을 실시하는 등 지원을 아끼지 말아야 할 것이다.

프로젝트는 항상 트러블에 빠질 수 있기 때문에 프로젝트 관리자는 언제든지 이러한 트러블의 상황에서 복구하여 정상적인 프로젝트로 돌려놓을 수 있는 역량과 준비가 필요하다는 점을 잊지 말자.

성공의 반복,
또 다른 프로젝트 계약

이제 프로젝트가 마무리 되고, 마지막으로 그간 발주사 혹은 고객과의 프로젝트 종료 축하 행사도 하게 된다. 그렇게 좋은 관계가 형성 되게 되면 다음의 프로젝트에 대해서도 서로 논의할 수 있는 기회가 생긴다. 물론 상대방과의 좋은 관계를 지속하는 것은 매우 중요하다. 그러나 매 프로젝트는 다른 성격과 난이도를 가지고 있기 때문에 매번 같은 조건으로 계약하는 것은 어려울 수 있다

A사의 김 부장은 C사와의 200억 대의 차세대 시스템 구축 프로젝트를 무사히 마치게 되었다. 그동안 난관도 많았다. C사의 프로젝트 관리자가 매번 깐깐하게 여러 가지 문제점들을 지적해 관계가 좋지 않을 때도 있었다. A사의 김 부장은 상대방과의 좋은 관계를 유지하는 것이 문제 해결의 기본이라고 생각한다. 이번 프로젝트를 잘 끝낼 수 있었던 것

도 기술력이 좋고 관리를 잘 한 탓도 있지만 좋은 관계를 만든 것이 가장 큰 요인이라고 믿는다. 김 부장은 앞으로도 C사와 좋은 관계를 가지고 싶다. 차후 C사가 계속 프로젝트를 맡길 것이라는 기대도 하고 있다.

C사의 이 부장도 김 부장의 프로젝트 수행 능력에 믿음을 가지고 있다. 앞으로도 그가 계속 프로젝트를 지원했으면 하는 기대를 가지고 있다. C사는 이번 차세대 시스템 구축건 이외에도 다른 프로젝트를 계획하고 있으며 곧 A사와 이에 대해 논의할 생각이다.

얼마 후, A사는 차세대 구축 시스템 프로젝트를 잘 끝낸 덕분에 또 다른 프로젝트를 C사로부터 수주 받았다. 그런데 문제는 C사가 최근에 마무리한 차세대 구축 시스템에서의 조건과 같은 조건으로 계약을 하자고 하는 것이다. A사의 변호사는 이전 계약 조건 중 C사에 일방적으로 유리한 지체배상금 조건과 A사가 이번 프로젝트를 위해 새롭게 생성한 산출물에 대한 지적재산권 양도 조항이 매우 문제가 된다고 생각했다. 이전의 차세대 구축 시스템 프로젝트는 사실 전체 기간을 넉넉하게 잡고 시작했기 때문에 프로젝트의 일정이 지체될 가능성도 거의 제로에 가까웠다. 지적재산권 문제도 A사가 그 프로젝트를 위해 추가로 생성하는 산출물은 거의 없었고, 있다 해도 미미한 정도여서 C사에 지적재산권 양도 조건에 합의 한 것이다. 즉 지난번 시스템 구축은 지체의 위험이 매우 낮고, 지적재산권 문제의 소지가 매우 적다는 판단 하에 특별히 수용한 것이다.

A사의 변호사는 고민에 빠지게 되었다. C사는 앞으로 좋은 고객이 될 것이고, A사 입장에서도 프로젝트를 계속 수주해야 하는 입장이다. 게다가 이번 프로젝트는 전사 물류시스템 구축 및 모바일화 프로젝트로

약 1,000억대에 이르는 프로젝트이다. 이번 프로젝트만 잘 끝낸다면 A사의 매출과 영업이익에도 큰 도움이 되겠지만, 잘못한다면 큰 폭의 적자가 생길 수도 있다. 게다가 만약 A사의 주력 솔루션이 물류시스템의 지적재산권을 건드린다면 큰 문제가 될 수도 있다. A사의 변호사는 C사의 법무팀을 찾아가 이 문제를 상의하고자 하였다. 그런데 C사를 찾아간 A사의 변호사는 당황하지 않을 수 없었다. C사의 이 부장이 변호사에게 다음과 같이 조심스럽게 전달했기 때문이다.

"저 변호사님. 사실 이런 얘기는 좀 하기 힘든데. A사의 김 부장이 프로젝트를 마치면서 이런 얘기를 했습니다. 앞으로의 모든 프로젝트를 이번 차세대 시스템 구축 프로젝트와 같은 조건으로 하고 D/C도 가급적이면 비슷한 조건으로 한다고요."

변호사는 말을 이어가기 힘들었다.

"저 변호사님. 그런데, 김 부장이 변호사님과 상의한 거 아닌가요?"

변호사는 회사로 돌아와 김 부장과 C사와의 대화를 다시 확인했으나, 결과는 비슷했다.

"아니 김 부장님. 그런 얘기를 상의도 없이 하다니요. 지금 큰일입니다."

"저기 변호사님. 저는 C사와의 장기적인 관계를 위해서 그 정도 조건을 들어 주는 것은 문제가 없다고 생각했어요. 그런데 그게 다음 프로젝트에서는 크게 문제가 되나 보지요?"

"……."

이런 경우는 사실 빈번하게 일어난다. 프로젝트를 진행하면서 현장에 있다 보면, 스스로 원칙을 무너뜨리는 경우가 자기도 모르게 있다. 더구나 상대방과의 관계를 지나치게 중시하는 사람이라면 관계를 위해 많은 것을 포기하기도 한다.

프로젝트마다 리스크의 성격은 다르기 마련이다. 때문에 상대방과 협의할 때는 리스크를 하나의 동일한 잣대로 평가하지 말아야 한다. 이전과 같은 내용의 계약이더라도 상황은 그때그때 모두 다르기에 동일한 조건을 다시 쓰는 것은 진지하게 고민해봐야 할 사항이다. 상호 신뢰나 계약 체결 절차의 편의성을 위해 동일 조건으로 계약을 할 수는 있으나 이로 인해 발생할 수 있는 리스크는 사전에 인지해야 한다.

프로젝트를 깔끔하게 수행해 발주자를 만족시켰다면 수주자는 발주자의 신뢰를 얻게 되고 또 다른 프로젝트를 수주 받을 수 있다. 이때는 두 번째 프로젝트를 어떤 방식으로 진행할지 고민하게 된다. 동일한 계약 조건으로 해야 할까, 아니면 프로젝트의 성격에 따라 변화를 줘야 할까?

우선 1차 프로젝트에서 문제가 됐었던 조건들을 반드시 분석해야 한다. 이런 조건들에는 많은 검토와 회의를 통해 분석된 리스크가 잠재되어 있기 때문에 검토 없이 2차 프로젝트에 그대로 적용하는 것은 매우 큰 리스크를 야기할 수 있는 무모한 일일 수도 있다.

또한 완료된 프로젝트를 꼼꼼하게 분석해 복잡한 시행착오를 다시 겪지 않도록 해야 한다. 첫 번째 프로젝트를 수행한 주요 구성원들과 관련 영업팀, 법무팀 직원들의 이야기를 들어보는 것도 좋은 방법 중에 하나이다.

만약 발주자가 동일한 조건의 프로젝트 계약을 요구한다면 어떻게 해야 할까? 때로는 동일한 계약 조건을 적용하는 것이 더 효율적이고 합리적이라고 판단할 수 있다. 이미 해봤던 일이기에 계약을 검토하기도 간편하고, 검토 절차를 아예 생략할 수도 있다. 그리고 같은 고객에게 좋은 조건을 계속 제공하는 것은 장기적인 관계에도 큰 도움이 되기 때문에, 특히 영업담당이나 특정 고객을 위해 일하는 프로젝트 관리자라면 프로젝트의 위험과 관계없이 좋은 조건을 제시하고 싶어 한다. 그런 유혹에서 개인이 벗어나기는 사실 어렵기 때문에 회사나 조직의 정책과 프로세스가 필요한 것이고, 그 프로세스에 따라 담당자, 부서와의 협의를 필수적으로 거치도록 해야 할 것이다.

다시 한 번 말하지만, 같은 고객과 여러 번 프로젝트를 진행할지라도 계약 조건들을 똑같이 사용하기보다는 각각 다른 상황을 이해하고 면밀하게 검토해서 생길 수 있는 리스크를 미리 방지해야 한다. 그리고 각 프로젝트에 맞는 조건들을 다시 협의해 상대방에게 제시해야 할 것이다. 관계를 고려해 어쩔 수 없이 같은 조건을 제시해야 한다면, 거기서 발생하는 리스크를 계산해 비상대책을 세우고 진행해야 할 것이다.

지속적 성공을 위한
프로젝트 경험의 관리

프로젝트를 수행하는 것은 또 상당한 경험과 노하우를 가지게 된다는 것을 의미한다. 이 경험과 노하우를 그냥 기억 속에 묻어 둔다면 개개인의 입장에서는 유익한 것으로 끝나게 되나, 이 값진 경험과 노하우를 회사나 조직 차원에서 통합 관리하고 정리한다면 그 회사나 조직의 역량은 프로젝트를 더 많이 할수록 한층 높아 질 것이다. 또한 그 역량은 회사와 조직의 정책과 프로세스의 개선을 위해 하나의 자료로 사용될 것이다.

중요한 프로젝트를 수차례 성공적으로 마무리 한 국내 굴지의 플랜트 건설 전문 R사는 의미 있는 사실을 한 가지 알게 되었다. 프로젝트를 반복하여 진행하면서 프로젝트에서 나타나는 공통적인 특징과, R사가 그동안 유효하게 해결하여 왔었던 문제해결 방법에 어느 정도 공통분모가 있다는 사실이다.

R사의 김 부장과 함께 프로젝트를 진행한 왕 과장은 이러한 사실을 보다 체계적으로 정리해 보고자 했다. 즉 그동안의 프로젝트를 단계별로 정리한 후 각 단계에서 나타나는 특징과 각 단계에서의 해결 방안들을 모아 정리해 보기로 한 것이다. 이러한 작업은 예전에는 없던 일이다. 프로젝트가 끝나고 나면 모두 파김치가 되어 프로젝트에 대한 생각조차 하기 싫었기 때문에 한 두주 쉬는 마음만 가득했고, 새로운 프로젝트가 시작되면 그 프로젝트를 하느라, 방금 끝난 프로젝트도 까맣게 잊고 지나갔다.

김 부장과 왕 과장은 이미 새로운 프로젝트를 시작했음에도 불구하고, 과거 진행한 프로젝트들의 정리와 다른 프로젝트 관리자들과의 인터뷰를 통하여 공통된 사실과 해결 방법들을 정리하기 시작했다. 그들도 새 프로젝트 때문에 늘 피곤에 절어 있었지만, 프로젝트들의 공통분모를 찾는 일이 마치 신비로운 뭔가를 찾고 있는 것 같아 이 일을 흥미롭게 진행했다.

마침내 김 부장과 왕 과장은 비록 초기 버전이지만, R사에 맞게 적용할 수 있는 공통의 해결방법 혹은 비법들을 정리할 수 있게 되었다. 공통 해결 방법이 어느 정도 갖춰지자, 김 부장은 이 경험과 지식을 좀 더 정리하고자 하는 욕구가 생기게 되었다. 즉 모든 프로젝트들이 끝나고 나면 김 부장과 왕 과장이 정리한 표본대로 레슨 런드^{Lessons Learned}를 작성하도록 각 프로젝트 관리자들에게 요청하기로 한 것이다. 김 부장과 왕 과장은 생각만 해도 신이 났다. 자신들이 시작한 초기 버전에 다른 프로젝트 관리자들이 각 프로젝트에서 겪은 경험과 해결방법을 계속 업데이트 한다니……

모든 회사에게는 그 회사의 운영과 위기를 대처하는 해결방법이 필요하다. 그것들은 각 구성원의 머릿속에 남아 위기의 순간에 그 빛을 발하기도 한다. 그러나 그 사람들이 만약에 그 회사에 남아 있지 않다면? 그것은 매우 위험한 상황을 아무런 준비 없이 맞이하는 것이 된다.

그래서 회사든 조직이든 각 프로젝트를 계획하고, 실행하는데 필요한 지식체계와 해결 방법들을 하나의 데이터베이스에 정리해 둘 필요가 있다. 물론 이것은 과거에 대한 기록으로 끝나서는 안 되며, 현재 진행하는 프로젝트를 위해서든 미래에 진행할 프로젝트든 충분히 활용할 수 있어야 하며, 또한 프로젝트가 끝날 때마다 업데이트될 수 있어야 한다.

혼자서 진행하는 1인 조직이거나 프리랜서라 하더라도, 반드시 자신만의 지식체계를 서면으로 정리하는 작업을 정기적으로 해 둘 필요가 있다. 이것은 자신의 지식체계를 제 3자들에게 노출하는 위험을 만드는 것이 아니다. 이는 자신의 일을 보다 체계화하고, 과거에 했던 주요한 해결방법과 앞으로 해야 할 일들을 보다 잘 정리해 앞으로의 진행을 원활하게 하는 체계적인 방법론을 만드는 일이 될 것이다.

프로젝트가 원하는 대로든, 원하지 않는 대로든 모든 프로젝트에는 끝이 있다. 그리고 프로젝트의 성과에 대해서 생각하고 내부적으로 논의해 보는 기회가 있을 것이다.

프로젝트가 계획했던 목적을 달성한 것인지, 목적 달성 과정에서 예산을 초과하거나 혹은 정해진 시간을 경과한 것인지, 그리고 원하는 품질을 맞추게 된 것인지 등등이 검토 대상이 될 것이다. 프로젝트의 예산, 시간, 품질 모두를 충족시키면서 마무리 한 것이라 할지라도 그 과정에서 어려움이 있었거나, 혹은 구성원 간에 불화나 문제점이 발견되었을 수도 있다. 이런 모든 문제점들이 프로젝트가 끝남과 동시에 잊히게 되면 추후 다른 프로젝트의 진행 과정에서 같은 실수나 어려움을 반복하게 된다.

그래서 하나의 프로젝트가 완료되고 나면 이에 대한 레슨 런드를 정리해 둘 필요가 있다.

이 레슨 런드는 단순히 프로젝트 관리자 혼자만의 지식, 경험으로 남는 것이 아니며, 그 프로젝트에 참여한 모든 구성원과 관련 부서 모두의 지식으로 남아 있다. 레슨 런드를 전체 조직 모두가 참여하여 정리해둘 경우 참여한 모든 당사자들이 경험하고 터득한 아이디어와 지식들이 한곳에 모이는 효과가 생긴다. 모든 구성원들이 생각한 프로젝트의 문제점, 해결 방법, 추후 대책 등에 대해 정리하는 것은 추후의 프로젝트 관리를 위해 매우 필요한 것이다.

꽤 규모가 있는 회사도 이 레슨 런드를 통한 지식의 체계화나 데이터베이스화를 하지 않는 경우가 많다. 이는 유사한 프로젝트에서의 실패가 반복되고, 회사 내 중요한 한 사람 한 사람이 떠날 때 마다 그 회사의 지식체계와 노하우도 함께 떠나게 되는 셈이 된다. 개인의 입장에서도 모든 것을 비밀처럼 혼자 간직하는 것은 좋은 일이 아니다. 모든 개인이 그렇게 혼자만의 비밀인 양 간직하다 보면 다른 사람들의 노하우를 알지 못하게 될 뿐 아니라, 자신의 지식과 기술, 노하우를 더 이상 발전시키는 기회를 갖지 못하게 된다. 따라서 규모 있는 조직체라면 이러한 소중한 정보들이 쌓일 수 있도록 인센티브와 강제성을 어느 정도는 부여 하는 것이 좋다.

한 두 프로젝트에 이러한 레슨 런드가 쌓이기 시작하여 향후 지속적으로 많은 정보들이 쌓이게 된다면, 프로젝트에 참여하는 개인이든 조직이든 이러한 데이터로부터 큰 도움을 받게 될 것이다. 또한 체계적으로 정리된 레슨 런드 정보들은 그 조직이나 개인들을 위한 그 조직만의 독특한 지식 체계로 자리 잡을 것이다.

이제부터라도, 각 개인과 부서들이 가진 과거 프로젝트에 쌓인 지식, 경험, 해결 방법들이 하나의 체계적인 데이터베이스로 정리되도록 해 보자. 이를 바탕으로 한 체계적인 자료는 그 조직과 개인을 위한 프로젝트 관리 가이드북이 될 것이다.

오늘이라도 내가 무슨 지식체계를 가지고 있으며 과거 경험에서 쌓은 노하우들이 얼마나 되는지 한번 확인해 보라.

프로젝트의 성공은
프로젝트 관리자의 역량에 달려 있다

프로젝트 관리자는 대부분 기술적인 백그라운드를 가지고 있는 경우가 많으며, 기술적인 업무를 수년간 거친 후에 프로젝트 관리자가 되는 경우가 대부분이다. 그런데 이런 성장 과정에서 기술적인 능력 외의 역량에 대해서는 교육이나, 자기 개발의 기회가 많지 않은 것도 사실이다. 프로젝트를 관리하기 위해서는 기술적인 능력 외에도 다양한 역량이 필요하며 서로 다른 역량들이 조화를 이룰 때 프로젝트의 성공 가능성은 높아진다.

또한 프로젝트 관리자마다 자신의 경력과 소질, 성격에 따라 특화된 분야와 약한 분야의 역량들이 있다. 이에 따라 자주 실수하거나 실패하는 분야와 성공하는 분야가 나타난다. 따라서 자신의 장단점을 미리 파악하여 추후의 프로젝트 관리에서 잘할 수 있는 분야와 잘 하지 못할 가능성이 있는 분야를 미리 아는 것은 매우 중요하다.

조직적 차원에서 보자면 프로젝트 관리자 또는 관련 직원들의 직급별 역량의 수준을 미리 파악해 이들이 어떤 역량을 갖춰야하는지 조언하며 지속적으로 관리할 필요가 있다. 개개인의 차원에서는 또한 프로젝트 관리자들이 자신의 개별적인 역량들을 스스로 점검해야 한다.

그렇다면 과연 프로젝트를 성공적으로 이끌기 위해 필요한 역량들은 어떠한 것들이 있을 수 있는가?

기술적인 측면에서 다음과 같은 역량이 필요하다.
- 프로젝트의 작업 범위 및 업무 관리
- 예산 관리
- 일정 관리
- 기타 특정 프로젝트에 필요한 기술적 요소

다음은 일반적인 역량이다. 흔히, 소프트 스킬이라고도 한다.
- 리더십
- 협상 및 갈등 관리
- 창의적 문제 해결
- 효과적인 커뮤니케이션
- 동기 부여와 팀조직 관리

리더십은 다수의 프로젝트 멤버들이 복잡한 프로젝트를 수행하는데 반드시 필요한 역량이다. 때로는 주요 이해관계자들과 함께 신속한 결단을 내려야 하는데, 이때 우유부단하거나 팀을 리드하지 못한다면 프로젝트의 목적을 달성하기 어렵게 된다.

협상 및 갈등관리는 의견충돌이나 협상에서 나타난 쟁점을 해결하고 계약 전후 단계에서 조건들을 원만히 조율해 나가기 위해 반드시 필요한 역량이다.

창의적 문제 해결은 계획대로 되지 않거나, 의도하지 않은 상황이 발생한 경우 기존의 방법론에서 벗어나 새로운 방법으로 문제 해결을 할 때 반드시 필요하다.

효과적인 커뮤니케이션은 다양한 문화와 배경을 가진 사람들과의 협업과 조율을 위해 필요한 역량으로, 특히 해외에서 복잡하고 다양한 구성원과 일을 같이 해야 하는 상황에서 필요한 역량이다. R&D 연구 프로젝트에서는 구성원들끼리 커뮤니케이션이 원활하게 이루어지지 않아, 뛰어난 능력에도 불구하고 의도했던 R&D 결과물이 나오지 않는 경우가 허다하다.

마지막으로, 동기 부여와 팀워크 관리이다. 프로젝트를 완성시켜 나가는데 있어 단순히 높은 급여나 반대급부의 제공만으로는 구성원에게 동기 부여를 주거나 좋은 팀워크를 만들 수 없다. 힘들거나 위기가 닥치더라도 참을성 있게 문제를 해결해 나가기 위해서는 모든 구성원들이 높은 동기를 갖고 팀워크를 다져야 한다. 그렇지 않은 경우 한계점에 다다른 상황이 오게 되면 서로 갈등을 겪게 된다.

이런 일반적 역량들은 일을 하고 있는 모든 사람들에게 필요한 역량일 것이며, 또한 프로젝트를 성공시키고 문제를 해결하기 위해서 프로젝트 관리자와 관련 임직원에게도 반드시 필요한 역량이다.

[그림 14] 프로젝트 관리자의 성공 포인트

프로젝트 관리자의 경우에 자신의 과거 교육 배경과 직업 배경에 따라 자신이 갖고 있는 역량에만 치중할 수 있다. 기술적 성격의 프로젝트 관리자 혹은 프로젝트 구성원들은 일반 역량을 배우고자 하지 않는 경향이 있다. 자신의 역량에 맞추어 일하고자 하는 사람은 프로젝트 관리자보다 기술 전문가로 활동하는 것이 오히려 퍼펙트 프로젝트를 만드는 데 도움이 된다.

공학지식 같은 기술적인 역량은 반드시 배워야 하지만, 일반적인 역량은 배우지 않더라도 스스로 터득할 수 있는 것이라고 생각하는 사람들도 많다. 그러나 많은 프로젝트를 겪다보면, 프로젝트의 성공을 위해서는 프로젝트와 관련된 기술적 역량만으로는 힘들다는 것을 알게 된다. 그래서 상당 시간이 지난 후에야 리더십, 커뮤니케이션, 협상 역량들을 배우려고 한다.

일반적인 역량에 대하여 관심을 가지게 된 프로젝트 관리자는 이에 대해 하나씩 배워 나가며, 기술적 역량과 일반적 역량에 균형점을 찾게 된다. 이러한 경지에 도달하게 되면 보다 크고 복잡한 프로젝트도 성공적으로 완성할 수 있는 능력을 가지고 있다고 볼 수 있다.

마치며

　　프로젝트는 하나의 생명체로 비유할 수 있다. 태어나서 성장하고 지속적으로 진화하는 존재다. 그리고 어떤 과정을 거치느냐에 따라 그 가치가 달라진다.

　　초기 제안이나 계획을 잘못 세워 계약을 엉터리로 체결하게 되면 결함이 많은 프로젝트가 된다. 반대로 완성도 높은 계획을 바탕으로 상호 간의 원활한 협의를 통해 계약을 체결하게 되면 처음부터 성공 가능성이 높은 프로젝트로 태어나게 된다.

　　중간에 프로젝트 관리자가 잘 관리하면 점점 좋은 프로젝트로 거듭나게 되고, 문제가 생기면 아파하게 된다. 이때 프로젝트 관리자는 주치의 역할을 하게 된다. 하나의 생명체가 병에 걸렸다고 해서 쉽게 포기할 수 없듯이 프로젝트에도 문제가 생길 수 있고 어떻게든 고쳐나가야 한다. 이런 일을 사전에 예방하기 위한 예방주사나 지속적인 건강관리도 필요하다. 그럼에도 불구하고 문제가 발견되면 재빨리 진단해 원인을 찾아내고 이를 고쳐야 한다. 그렇지 않으면 나중에 돌이킬 수 없는 지경에 이르게 될 수도 있다.

프로젝트 관리자는 이처럼 프로젝트를 한 생명을 다루듯이 해야 한다. 잘못 태어났다고 누구를 원망할 수도 없다. 다시 건강하게 만드는 것이 프로젝트 관리자다. 잘 성장하고 생명을 유지 할 수 있도록 노력해 프로젝트를 잘 관리해야 한다.

그렇다면 프로젝트 성공은 어떻게 정의할 수 있을까?

우선은 의도하고 계획한 대로 프로젝트의 목적을 달성할 수 있어야 한다.

그리고 그 결과물은 시간, 비용, 예산 측면에서 모두 만족해야 한다. 동시에 수익성 확보가 지속적으로 이루어져야 한다. 한두 프로젝트만을 성공시키고 그 이후 프로젝트에서 연속적인 손실을 보거나, 프로젝트의 목적을 달성하지 못했다면 프로젝트를 성공시키는 역량과 틀을 갖춘 조직이라 보기 어렵다.

프로젝트 성공의 틀

프로젝트 성공은 어느 한두 사람의 지식과 기술로 달성되지 않는다. 조직이 지속적으로 프로젝트를 성공시키기 위해서는 틀Frame이 필요하다. 틀이 잘 갖추어져 있다면 어떤 형태의 프로젝트를 하더라도 좋은 성과를 기대할 수 있다. 프로젝트 성공을 위한 틀은 프로젝트 계획 수립과 이를 수행하기 위한 내부 프로세스, 그리고 그 조직의 역량이라고 말

할 수 있다.

다양한 목적을 가진 여러 개의 프로젝트를 연속적으로 성공시킬 수 있도록 계획을 수립하고, 문제가 발생할 때 효과적으로 대응하는 프로세스와 조직의 역량을 갖춤으로써 그 조직은 프로젝트를 성공시키는 유기체로 성장하는 것이다. 일단 유기체가 되면 스스로 진화를 거듭하면서 프로젝트의 성공 확률을 높이는 조직이 된다.

지속적인 성공

조직에 프로젝트 성공에 대한 명확한 정의와, 틀, 역량이 갖추어져 있다면, 이를 계속 유지하고 개선하는 것이 필요하다. 아무리 우수한 프로세스와 역량을 갖춘 조직이라 하더라도 과거의 성과와 미흡한 점을 바탕으로 개선점을 지속적으로 찾도록 해야 한다. 많은 회사들이 과거의 사실을 바탕으로 스스로 레슨을 받는^{Lessons Learned} 활동을 계속하는 것도 이와 같은 이유에서 필요하다.

성공하는 조직의 증거물

그렇다면 어떤 조직이 프로젝트 성공의 증거를 가지고 있을까? 단번에 프로젝트를 성공시키는 형태를 갖춘 조직이 있는가 하면 그렇지 않은 경우도 있다.

우선 직원 채용 공고를 보면 알 수 있다. 채용 공고에는 회사의 업무에 대한 전략, 정책, 필요한 역량의 정도가 나열되어 있다. 직무 수행서 Job Description와 마찬가지인 셈이다. 상투적인 설명만 있거나 회사의 전략과 정책이 없는 공고는 알맹이가 빠진 느낌을 주어, 무언가 부실한 회사라는 인상을 준다. 지금 당신이 속해있는 조직의 채용 공고와 경쟁회사(특히 해외 경쟁 업체)의 채용 공고를 비교해 보면 쉽게 알 수 있다. 단순하게 어느 역량을 갖춘 사람을 뽑겠다는 취지가 아니라 회사의 전략과 정책들을 보면서 회사의 가치를 인식할 수 있게 해야 될 것이다.

다음으로 봐야 할 것은 프로젝트와 관련된 실제 계약 내용이다. 계약의 기본 구성이 탄탄하거나 업무 범위가 명확하고 정확한 조건들로 갖추어진 계약서를 작성할 능력을 갖춘 회사는 프로젝트 성공을 위해 어떤 계약이 필요한지를 잘 이해하고 있다고 할 수 있다. 반대로 계약 내용이 형식적이거나 협상이 어느 한쪽에만 치우친 흔적이 나타난다면 프로젝트 실패의 확률이 높은 계약이라고 볼 수 있다. 계약서는 단순히 법무팀이나 변호사가 만들어내는 것이 아니라 회사의 모든 역량을 담아내는 중요한 의미를 지니고 있다. 때문에 명확하지 않은 계약서를 만들고 프로젝트의 성공을 바라는 조직은 언젠가는 큰 실패를 맛볼 수밖에 없다.

한 외국 회사가 국내 IT회사를 인수하기 위해 실사 작업을 했던 적이 있다. 그 과정에서 예전에 체결한 계약서를 검토했는데, 계약서의 내용들이 부실할 뿐 아니라 대부분의 계약들이 상대방에게 IT프로젝트의 산출물에 대한 지적재산권을 넘겨주는 내용으로 구성되어 있다는 것을 발견했다. 결국 그 회사는 인수를 포기했다고 한다.

이렇듯 계약 내용은 회사의 가치를 판단하는 기준이 될 수 있으며, 때로는 향후의 수익성을 가늠할 수 있는 판단 기준이 되기도 한다. 실패로 끝나거나 큰 손실을 입은 프로젝트의 계약서를 보면 내용이 부실하거나 한 쪽에게만 불리하거나, 아니면 어느 한쪽에서 협상을 포기한 걸로 보이는 내용으로 구성되어 있는 것을 알게 된다.

이외에도 성공과 실패의 징표들은 많은 곳에서 나타난다. 예를 들어 내부 조직 역량 강화를 위한 실질적인 노력, 조직의 경험과 지식을 관리하는 체계, 의사결정 구조, 프로젝트 리스크 관리를 위한 프로세스 등이 해당된다.

이 책을 쓰고 나서 책에서 다룬 내용이 실제 프로젝트를 관리하거나 프로젝트의 문제를 예방하고 해결하려고 하는 분들에게 도움이 될지 생각해 보게 되었다. 프로젝트 관리에 전반적인 내용을 이해하는 데 도움이 되길 바란다.

간혹 책에서 미처 언급하지 못한 문제를 겪었을 때 도움을 받지 못할 수도 있다. 이럴 때는 자신이 경험했던 상황과 해결책을 메모해 나중에는 같은 문제를 되풀이하지 않도록 하는 것도 좋은 방법이다. 부족한 이 책이 프로젝트를 성공적으로 이끄는데 필요한 훌륭한 지침서가 되도록 도와달라는 말이다.

대부분 프로젝트의 문제들은 큰 그림에서 중요한 부분을 간과하거나 문제의 중요성을 낮게 인식하거나, 또는 이런 상황들을 대처하는 경험이나 해결책이 없을 때 생기는 경우가 많다. 프로젝트를 관리하는 위치에 있는 모든 사람들이 모든 오류를 놓치지 않고 바로 잡으면서 프로젝트를 수행해 나간다면 성공을 거둘 수 있을 것이라 확신한다.

큰 프로젝트를 준비하고, 지금도 열심히 일하고 있는, 그리고 새로운 프로젝트를 기다리는 모든 프로젝트 관리자들이 이 책을 친구삼아 목표를 이룰 수 있기를 바란다.

부록

프로젝트 관리자를 위한
케이스 연구와 질문

해외 화공 플랜트 신축 프로젝트

중동의 이라크는 최근 종합 정유 플랜트를 건설해 원유 생산 외에 종합 정유 국가로서 추가적인 수입을 거두려고 계획 중이다. 이에 이라크의 부르크 개발 국장(가칭)은 각 국의 건설회사의 참여를 요청하는 입찰 공고를 냈다. 부르크 개발 국장이 계획하는 입찰의 주요 조건은 3년 이내 완공과, 완공이 늦어질 경우 하루 당 총 계약 금액의 0.25%를 배상해야 한다는 것이다. 만약 40일이 지연되면 총 계약 금액의 10%를 배상해야 한다.

강산 주식회사는 이번 프로젝트의 수주를 강수주 프로젝트 관리자에게 맡겼다. 강수주는 해외 경험은 많이 없으나 종합 정유 플랜트 분야에서 자타가 공인하는 실력을 가졌다. 오랫동안 경쟁관계에 있는 입사 동기 A에 비해 해외 프로젝트 경험이 적다는 것을 약점으로 여겼던 강수주는 이번 프로젝트를 반드시 따기로 마음먹고 내부적으로 입찰 공고문 분석 작업에 들어갔다. 이 프로젝트만 수주하면 A를 제치고 입사 동기들 중에 가장 먼저 임원이 될 수 있을 것 같았다.

하지만 입찰 공고 분석을 마친 내부팀은 이 플랜트가 3년 6개월 이내에 완공하기도 어렵다는 분석 결과를 내놓았다. 하지만 강수주는 이 결과가 매우 비관적인 가정 아래 이루어 진 것이라 믿고, 더 낙관적인 가정을 가지고 분석했다면 3년 이내 완공할 수 있을 거라 여겼다.

내부팀에서는 강수주가 현재 이성적인 판단을 하지 않고 있다고 생각했다. 강수주의 무리한 프로젝트 추진으로 내부팀과는 이미 조율이 되고 있지 않다. 내부팀은 다양한 방법으로 강수주에게 이번 프로젝트가 상당한 리스크를 가지고 있다고 경고 했다. 그럼에도 불구하고 강수주 관리자는 여러 가지 방법을 동원해 이 프로젝트를 따내려고 애썼다. 회사내 많은 임원들을 만나며 이 프로젝트의 필요성과 성공 가능성을 어필했고, 내부의 검토팀이 이 프로젝트를 매우 비관적으로 보는 바람에 부정적인 전망이 나오게 되었다는 점을 강조했다.

강수주는 결국 프로젝트 수주를 강행해, 1조 2천억 원 규모로 수주를 받았고, 바라던 대로 계속 진행할 수 있게 되었다. 그는 발주사가 원하는 시기에 맞추어 완공하는 것이 어렵다는 것을 알았으나 현재 상황을 생각하면 무리를 해서라도 이 계약을 반드시 진행해야겠다고 생각했던 것이다.

이 정유 플랜트 완공을 위해서는 코어드 기업의 핵심기기가 반드시 필요했다. 이 기기를 인도 받는데 약 2년이 소요된다. 그러나 이 프로젝트를 제시간에 마치기 위해서는 최소한 1년 6개월 이내에 기기를 인도 받아야 한다. 설치가 늦어지면 공사의 완공 시점도 덩달아 늦어진다. 하지만 코어드는 어떤 경우에도 기기 인도 지체에 대해 책임을 지지 않는 계약 조건을 내거는 것으로 유명해서 이는 리스크 요인이 될 수밖에 없었다.

공사 관리는 계약 협상 과정에 전혀 참여하지 못한 최선만 프로젝트 관리자가 맡게 되었다. 그는 계약 내용을 보자마자 놀랐다. 자신이 이 플랜트 공사를 아무리 열심히 해도 그 기간 내에 완공시킬 수는 없다고 생각했기 때문이다. 최선만 프로젝트 관리자는 이 프로젝트 수주를 강행한 강수주가 원망스러웠다. 강수주는 계약조건에 대해 최선만에게 귀뜸한적 조차 없었다.

최선만으로서는 이런 상황에서 최선을 다해 프로젝트를 진행한다 하더라도 성공적인 프로젝트 완수가 정말 불가능하다고 생각했다.

불행인지 다행인지 최선만은 프로젝트를 수행하는 도중 부르크 개발 국장으로부터 설계 변경에 대한 요청을 받았다. 최선만 프로젝트 관리자는 이 요청을 그대로 받아들인다면 프로젝트가 완전히 실패로 끝날 수 있다고 생각하고, 부르크 국장에게 사실대로 설명했다. 그는 부르크 국장에게 설계를 변경하면 전체 계약 금액의 3%가 증가될 것이며 일정은 약 1.3배 더 지연될 것이라고 부르크 국장에게 수차례 찾아가 설득했다.

부르크 국장 입장에서는 설계 변경에 따른 부담이 사실 좀 거북하게 들렸다. 내심 자기가 원하는 대로 프로젝트 관리자가 순순히 설계 변경을 해 줄 것이라 생각했기 때문이다. 그러나 최선만 프로젝트 관리자의 성실성을 믿었고, 또 설계 변경이 매우 중요했기 때문에 최 프로젝트 관리자의 요청을 받아들였다. 기존 일정과 비용을 지키며 설계를 변경했다면 실패로 끝났을 프로젝트가 최선만의 노력으로 오히려 기간을 벌 수 있었다.

우여곡절 끝에 결국 이번 플랜트 공사는 최선만 프로젝트 관리자를 비롯한 많은 사람들의 노력으로 3년 8개월이 지나서야 마무리 되었다. 이라크의 내전 우려, 항만의 불완전성은 이번 공사에 간접적으로 영향을 주었다. 이라크의 이러한 상황은 사실 강산 주식회사 내부의 다른 사람들도 알 수 있는 것이었다.

그렇다면 강수주는 어찌되었을까? 강수주 관리자는 공사가 시작되고 1년 후 경쟁사로 이직했다. 경쟁사에서는 내부 사정을 잘 모른 채 강수주의 강력한 추진력을 높이 평가했던 것이다. 강수주는 사실 이번 프로젝트를 수주하고 나서 밤잠을 이루는 날이 적었다. 그도 잘 알듯이 많은 문제점들을 안고 있었기 때문이다. 그러한 문제점들이 공사를 시작한 지 6개월 만에 현실적으로 조금씩 드러나기 시작하자 강수주는 겁이 나기 시작했다. 강수주 입장에서는 이 공사가 끝날 때까지 회사에 남아 있으면 위험하다는 생각에 겁이 덜컥 나기 시작한 것이다. 그래서인지 강수주는 경쟁사에서 스카웃 제의가 오기가 무섭게 이직을 결심했다.

다행히 잘 끝나기는 했지만 이번 프로젝트에서는 다양한 문제점이 있었다.
우선 강수주는 자신의 용심에 사로 잡혀 내부팀의 조언을 듣지도 않았고 프로젝트 기간 내내 내부적인 의사소통을 원만하게 하지 못했다.

강산 주식회사 내부적으로도 문제가 많았다. 우선 이라크 상황에 대해 서로 정보를 공유하지 않고 있었다. 붕괴된 항만 시설을 복구하는데도 상당한 시간이 소요되었다. 이밖에도 해외 공사에서 확인해야 할 사항이 많이 누락되었기 때문에 공사 기간에 직간접적으로 영향을 미쳤다. 과연 강산 주식회사가 이러한 사실은 전혀 모르고 있었는지는 의문이다. 아무튼 강산 주식회사 내부에는 정보의 공유가 잘 이루어지지 않고 있었고, 또한 가장 중요한 수주팀과 프로젝트 수행팀 간에도 중요한 의사소통조차 잘 이루어지고 있지 않았다.

나중에 안 사실이지만 강산 주식회사와 코어드와의 협상에서도 문제가 많았다. 강산에서는 코어드가 주기기 납품회사로 당연히 강산의 모든 조건을 잘 들어 줄 것으로 기대했는데, 실제 협상에서는 그렇지 못했다는 것을 안 것이다.

아래의 질문들에 대한 답을 고민해보면서 강산 주식회사가 개선해야 할 점에 대해 생각해보자.

Question

1_ 강산 주식회사에는 해외 플랜트 사업을 위한 전체적인 검토 프로세스가 있을까?

2_ 강수주와 최선만은 서로 원만한 커뮤니케이션을 통해 사업을 이해했나?

3_ 이라크의 국가 리스크에 대해 강산 주식회사는 충분히 이해했나?

4_ 본 계약을 위한 강산 주식회사의 모든 이해관계자가 참여했나?

5_ 무리한 조건에 대한 협상은 어떻게 진행되고 있는가?

6_ 국내에서 소위 갑의 지위는 해외에서 어떻게 받아들여지나?

7_ 강산 주식회사의 협상 전략을 평가한다면?

인도네시아
데이터 센터 구축 프로젝트

　올데이터의 크리스는 오래 전부터 추진해온 인도네시아 데이터센터 구축 프로젝트에 공을 들이고 있다. 회사도 최근 대형 프로젝트에 2~3% 또는 마이너스 수익을 내고 있어 이번 수주에 기대하는 바가 크다. 게다가 이번 수주를 성공한다면, 보너스로 1억5천만 원이 넘는 인센티브를 받을 예정이다. 그렇다 보니 이번 프로젝트가 다소 리스크를 안고 있고 준비가 덜 되어 있지만 반드시 성사되어야 한다고 생각하고 있다.

　발주사인 클라우는 이번 데이터센터 구축이 회사의 클라우드 환경 구축 사업과 연계되어 있어, 1년 내에 반드시 성공적으로 구축되기를 바라고 있다. 이 회사의 프로젝트 관리자인 톰은 이번 프로젝트의 성패가 데이터센터 구축을 정확한 시점에 완료하는 것과 핵심 소프트웨어 기술의 구현에 있다고 보고 있다.

　올데이터는 입찰가격과 기술적인 면에서 유리한 평가를 받아 우선협

상대상자로 선정되었고, 크리스와 톰이 계약 조건을 놓고 협상을 벌이게 되었다. 크리스는 이번 협상을 통해 반드시 계약을 체결해야 하므로 1년 내 완공을 약속한다. 지체배상금으로는 계약 대금 총액의 0.3%를 지연 일수 당 배상하기로 하고 총 금액의 20%를 한도로 정했다. 대신 총 계약금액은 원했던 대로 2,000억선 원에 맞췄다. 문제는 데이터센터 내 하드웨어 간의 호환성이었다. 프로젝트를 위해 반드시 필요한 소프트컷의 핵심 소프트웨어가 호환성 문제에서 아직 검증이 되지 않았기 때문이다. 더군다나 네트워크가 다운될 경우 보완 대책에 대해서도 두 회사 간의 책임이 명확하지 않은 상태였다.

계약 체결이 늦어지자 크리스와 톰은 다소 당황했고 회사의 대표로부터 질책을 받게 되었다. 크리스와 톰은 아직 결정 되지 않은 두 문제에 대해 추후 논의하기로 하고 일단 계약 서류를 마무리 하는 방향으로 서둘러 매듭지었다.

올데이터에는 데이터센터 구축 경험이 많은 프로젝트 관리자 데미안이 일하고 있었다. 데미안은 이 분야에서는 꽤 오랫동안 대부분의 데이터 센터 구축을 성공적으로 이끌었다. 하지만 이번 프로젝트에서는 계약 협상 내용에 대해 알지 못했고, 프로젝트를 맡고 나서야 계약 내용을 알게 되었다.

그는 이번 프로젝트를 마치려면 최소한 1년 2개월은 걸릴 것이라고 예상했다. 계약 내용에 들어있던 '1년 이내 구축 완료'는 말이 안 되는 조건이었다. 게다가 기간이 연장되면 배상해야 될 금액이 커지기 때문에 부담감이 밀려왔다.

더구나 예상되는 수익이 8% 밖에 안돼서 자칫 잘못하면 마이너스 수익을 낼 수 있는 불안정한 프로젝트이다. 또한 최근 계약을 맺은 협력사들이 지체배상 한도를 계약금의 10%로 하고 있어 머리가 아프기 시작했다.

어쨌든 프로젝트는 좋은 분위기에서 시작되었다. 처음에는 모든 것이 순조로워 보였다. 프로젝트 스태프들도 잘 구성되어 서로 좋은 분위기에서 프로젝트를 진행할 수 있었다. 우려했던 소프트컷사의 제품문제도 원만하게 해결될 듯 보였다. 데미안은 이 프로젝트를 너무 부정적으로만 보았나 싶어 후회하기도 했다.

그러나 프로젝트가 진행되면서 조금씩 불길한 징조가 나타나기 시작했다. 약 70%의 공정에서 결국 우려했던 소프트컷의 소프트웨어와 하드웨어간의 호환성의 문제가 현실로 나타난 것이다. 데이안은 이 문제를 해결하는 데 많은 시간을 썼고, 일정은 예정보다 약 20일 가까이 지연되었다. 하지만 데미안은 이 문제를 회사에 알리지 않았다. 이전에 진행했던 모든 프로젝트를 성공적으로 마쳤기 때문에 이번 프로젝트에서도 좋은 평가를 받고 싶었다. 결국 혼자 끙끙 앓았고 정신적, 육체적으로 쇠약해져 가고 있었다. 그런 가운데, 문제는 더 악화되고 있었다. 데이안의 그러한 모습을 보는 프로젝트 팀원들도 안타깝기만 했다. 그러나 아무도 이 상황을 회사에 보고하지 않았다. 모두 좋지 못한 평가를 받는 것이 두려웠던 것이다.

그로부터 6개월 후 프로젝트는 우여곡절 끝에 완료되었고, 일정이 약 45일이 지연되면서 최종 수익은 마이너스 7% 였다.

프로젝트를 마치고 나서 두어 달이 지난 후 데미안은 프로젝트를 수주했던 크리스를 우연히 만났다. 크리스는 이번 건으로 인해 당분간 수주 업무에서 손을 놓기로 했다고 말했다. 수주한 노력에도 불구하고 결과가 좋지 않아 마음이 무거워 다른 일을 찾고 있다는 것이다.

크리스 데미안 당신이 계약 협상 할 때 옆에 있었어야 했어요. 제 불찰이었습니다.

데미안 아닙니다. 크리스, 당신이 아니었다면 이번 프로젝트는 수주 받지 못했을 수도 있어요. 너무 자책하지는 마세요. 제가 좀 힘들긴 했지만요.

크리스 그렇게 말해 주니 고맙군요. 그나저나 프로젝트를 무사히 마무리해서 다행입니다. 중간에 많이 힘드셨겠어요.

데미안 네, 그 때는 정말 힘들었습니다. 당시 저를 도와줄 프로젝트 관리자가 있었거나 회사의 지원을 받았으면 더 좋았을 겁니다.

데미안 다른 회사들은 이런 상황에 빠지면 어떻게 프로젝트를 복구할까요?

크리스 글쎄요. 저는 수주 업무만을 해와서…… 우리도 좀 더 체계적으로 일할 필요가 있을 것 같군요.

데미안 그래요, 다음에 프로젝트를 맡게 되면 후배들을 위해서라도 한번 방법을 찾아보죠.

두 사람은 다음 프로젝트를 함께 맡게 된다면 처음부터 서로 의논하면서 진행하기로 했다.

아래의 질문들에 대한 답을 찾아보면서 올데이터의 수주업무와 프로젝트 관리 업무에서 개선해야 할 점에 대하여 생각해 보자.

Question

1_ 수주를 하기 위해 올데이터의 크리스 관리자는 역할을 제대로 수행했는가?

2_ 올데이터에는 협상을 위한 기준이 마련되어 있는가?

3_ 프로젝트 수행 도중 힘든 상황이 생길 경우 어떤 조치가 필요한가?

4_ 당신이 수주를 담당할 프로젝트 관리자라면 이 계약은 어떻게 이끌어 가는 것이 좋을까?

5_ 데미안이 계약 협상 과정에 참여하기 힘들었다면 어떻게 했어야 했나?

특수선의
수주

　로버트 리는 자이언트사의 수주 담당 프로젝트 관리자로 협력 업체인 드롭으로부터 5년 사용한 중고 FPSO(부유식원유생산저장설비, Floating Production Storage and Offloading)선의 수리 및 일부 시스템 교체건을 주문 받았다. 상부 시스템 중 일부를 최신 공정이 적용된 시스템 설비로 교체해야 하는 일이다. 드롭의 데이비드 최는 이런 신/구 시스템 교체에서 가장 중요한 것은 남은 구형 시스템과 교체한 신형 시스템 설비가 서로 상호 호환되어 작동하는 것이라고 생각한다.

　안소니 강은 이번 교체 작업을 담당할 자이언트의 프로젝트 관리자다. 그는 이번 작업이 심혈을 기울여야 할 중요한 일이라는 걸 알고 있다. 특히 '1년 6개월 이내에 모든 작업을 마쳐야한다'는 어려운 계약 조건을 보고 드롭이 요청한 사항들을 수용할 때는 일정에 매우 주의해야 한다는 것을 로버트에게 미리 전달했다. 납기와 변경 사항에 대한 일정 관리. 이 두 가지만 신경 써서 프로젝트를 진행한다면 회사 매출을 올릴 수 있는 좋은 기회가 될 것이라고도 말했다.

하지만 계약 협상 단계에 참여하지 않았던 안소니는 나중에 계약서의 내용을 보고 깜짝 놀랐다. 드롭의 설계 변경 요청에 대해 자이언트가 모두 수용하고 이에 따른 모든 책임을 지게 된다는 내용이 있었기 때문이다. 설계 변경으로 인해 발생하는 추가 작업 지연에 대해서도 자이언트가 모든 책임을 지는 셈이다. 이에 안소니는 로버트에게 물었다.

안소니 로버트, 설계 변경을 하면 추가 비용이 발생하고 작업이 지연돼요. 설마 이걸 몰랐나요?

로버트 안소니, 나도 그건 잘 알아요. 하지만 드롭 측에서 신/구 시스템 교체 문제를 우리가 책임지라고 막무가내로 요청하지 뭐예요?

안소니 아니 그렇다고 설계 변경에 대한 모든 책임을 우리가 져야 하나요?

로버트 그럼 나더러 어떻게 하라는 건가요? 이번 계약을 하지 말라는 뜻인가요? 내가 어디까지 책임져야 하지요?"

안소니 아무튼 이번 작업은 1년 6개월 안에 끝내야 해요.

이러한 사례는 어느 산업에서나 나타나고 있다. IT산업을 비롯하여, 건설, 플랜트, 해양 구조물 등 나타나지 않는 사례가 없다. 그럼에도 불구하고 많은 회사들이 프로젝트 수주 업무와 수행 업무간의 단절로 인해 다양한 문제들을 일으키고 있다. 게다가 이런 문제들을 잘 알고 있음에도 불구하고 개선이 잘 되지 않는 회사나 조직들이 허다하다.

아래의 질문들에 대한 답을 찾아보면서 자이언트사의 개선해야 할 점에 대하여 생각해 보자.

Question _____

1_ 로버트가 맡고 있는 드롭과의 계약 협상은 어떻게 평가 하는가?

2_ 로버트와 안소니는 계약이 체결된 시점에서 어떤 조치를 취할 수 있는가?

3_ 안소니는 로버트에게 모든 책임을 물을 수 있는가?

4_ 자이언트는 이 문제를 어떻게 해결할 것인가?

5_ 이런 프로젝트의 경우, 자이언트가 모든 프로젝트 관련자들이 참여하는 킥오프 미팅을 통해 예상되는 문제들을 검토했었다면 어땠을까?

프로젝트 관리자들이 많이 받는 질문들

이 책에서의 내용을 바탕으로 아래의 질문들에 대하여 고민해 보기 바란다. 여기서의 질문들은 현재 우리가 수행하는 프로젝트에서의 문제에 대해 하는 질문들과 동일할 것이다.

1_ 프로젝트 관리자가 RFP, 제안 및 계약 전체 단계에 참여하지 못했다. 이럴 경우 생길 리스크는?

2_ 프로젝트 관리자가 프로젝트의 기본적인 내용을 모르거나 계약할 때 주요 사항에 신경 쓰지 못하고 프로젝트를 시작할 경우 생길 리스크는?

3_ 프로젝트 관리자가 의욕이 앞서 계약 사항을 지키지 않고 프로젝트를 추진할 경우 생길 리스크는?

4_ 프로젝트 관리자와 내부 관련 구성원들 간에 마찰이 생겼을 때 어떻게 해결해야 하는가?

5_ 프로젝트와 관련된 조직 내 부서와 프로젝트 관리자가 계약 조건들을 서로 잘 못 이해했을 경우 생길 리스크는?

6_ 이미 잘못된 계약서를 가지고 프로젝트를 시작해야 한다면 어떻게 해야 하는가?

7_ 엄격한 검수 조건 때문에 프로젝트 완성이 지연되고 있을 때 그 원인은 무엇이 있나?

8_ 프로젝트 관리자의 팀원 관리에 문제가 있어 프로젝트 전체에 문제가 생긴다면?

9_ 상대방과의 협상에서 늘 양보만 하거나 반대로 자기주장만을 고집하다 문제가 더 커지는 경우에는 어떻게 해야 하는가?

10_ 프로젝트 도중 변경 사항이 생기는 경우 프로젝트 관리자의 역할은?

11_ 문제가 될 재료나 기술이 사용될 수 있다는 조건이 계약서에 포함되어 있는가?

12_ 계약을 체결하기 전에 작업을 시작했으나 마지막에 계약 체결에 실패할 경우 이미 진행된 작업 비용은 어떻게 처리해야 하나?

1. Hallam movius and Lawrence Susskind, *Built to Win: creating a world-class negotiating organization*, Harvard Business School Publishing, 2008.

2. *HBR's Guide to Project Management*, Harvard Business School Publishing, 2012.

3. Roger Fisher and William Ury, *Getting to Yes: negotiating agreement without giving in*, Penguin Books, 2011.

4. Jeswald W. Salacuse, *Making Global Deals: negotiating in the international market place*, Houghton Mifflin Company, 1991.

5. Tom Kendrick, *Identifying and Managing Project Risk: essential tools for failure-proofing your project*, AMACOM, 2009.

6. Todd C. Williams, *Rescue the Problem Project: a complete guide to identifying, preventing and recovering from project failure*, AMACOM, 2011.

7. John Schuyler, *Risk and Decision Analysis in Projects*, Project Management Institute, 2001.

8. Edited by N. J. Smith, *Engineering Project Management*, Blackwell publishing, 2008.

9. Tom DeMarco, Peter Hruschka, Tim Lister, Steve McMenamin, James Robertson and Suzanne Robertson, *Understanding Patterns of Project Behavior: adrenaline junkies and template zombies*, Dorset House, 2008.

10. Kit Werremeyer, *Understanding and Negotiating Construction Contracts: a contractor's and subcontractor's guide to protecting company assets*, RSMeans, 2006.

11. John M. Nicholas and Herman Steyn, *Project Management for Business, Engineering and Technology*, Butterworth-Heinemann, 2008.

12. Changwoo Park, *Project Ecosystem Competency Model for Creating Sustainable Performance in Engineering Project Management*, Korea University, 2013

13. Josef Oehmen, *The Guide to Lean Enablers for Managing Engineering Programs*, MIT-PMI-INCOSE Community of Practice on Lean in Program Management, 2012

완벽한 프로젝트는 어떻게 만들어지는가

1판 1쇄	2014년 3월 10일
1판 4쇄	2020년 6월 12일

지은이	이성대 박창우
펴낸이	김승욱
편집	김승관 한지완
디자인	김마리 백주영
마케팅	송승헌 이지민
홍보	김희숙 김상만 지문희 우상희 김현지
제작	강신은 김동욱 임현식

펴낸곳	이콘출판(주)
출판등록	2003년 3월 12일 제406-2003-059호

주소	10881 경기도 파주시 회동길 455-3
전자우편	book@econbook.com
전화	031-8071-8677
팩스	031-8071-8672

ISBN | 978-89-97453-20-7 03320

＊이 도서의 국립중앙도서관 출판예정도서목록(CIP)은 서지정보유통지원시스템 홈페이지(http://seoji.nl.go.kr)와 국가자료종합목록 구축시스템(http://kolis-net.nl.go.kr)에서 이용하실 수 있습니다. (CIP제어번호 : CIP2014006940)